噢！原來如此

有趣的天文學

彗星增訂版

李昫岱 —— 著

Jozy —— 繪

目
錄

有趣的天文學導讀 ___ 10

Ch. 1
太陽系裡的大家長：太陽
圖解太陽系

Ch. 2
地球的姐妹：八大行星
圖解八大行星

Ch.3

太陽系的新成員：矮行星
圖解矮行星

Ch.4

繞著別人轉的衛星
圖解衛星

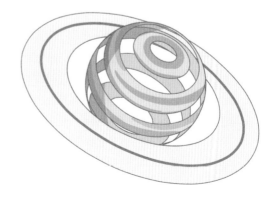

李昫岱博士讓我為他的新書寫序，說跟太陽系有關，我還沒有看到內容就答應了，因為他之前的書評價都很好。當天收到試閱文稿，這本《噢！原來如此 有趣的天文學》果然有趣極了！

有個說法是「畫鬼容易，畫虎難」，這是因為大家都知道老虎長什麼樣子，所以要畫老虎必須一眼看得出來，另外要有亮點，例如可愛、搞怪。畫鬼相對簡單得多，反正沒有對錯，鬼畫也無妨。

演講的時候，最常被問到有關黑洞或外星人的問題，因為這些神秘、引人好奇，目前也所知有限。外星人至今沒有出現；而黑洞、白洞、蟲洞可以說得簡單而錯誤，也可以一堆公式卻不知道是否正確。因此，不光是專家學者，很多人也都可以說嘴，這有如畫鬼。

相對而言，我們對太陽系已經有相當程度的了解，有些天體平常就能看到細節（例如太陽、月球），有些在地球上用肉眼（例如鄰近的行星），或是用望遠鏡可以看出端倪（例如木星的衛星、土星的光環），很多甚至有太空船就近探查，甚至登陸，我們都耳熟能詳。

所以，介紹太陽系好像畫虎，一方面要符合當今的知識，另方面要寫出教科書以外的特色，而這本書就是成功的畫虎範例。書中除了不落俗套描述了個別天體的重要常識，也包含了很多科學史的人文典故。在網路盛行的今天，要查這些資料不難，但要有足夠學識底蘊，加上科普寫作經驗，才得以整合出這樣的取材。書中文字的難易輕重恰到好處，適合大孩子與大人閱讀，而插圖則偏重童趣，整體以問答的方式進行，讀起來輕鬆卻不失嚴謹。

書的後半部談到了去木星、土星、飛掠冥王星、登陸彗星等最新的科學任務，甚至太空競賽，還有觀星指引、特殊天象等有用的參考資料，讓這本書有趣，同時延長了賞味期，絕對讓我樂於收藏，也慶幸市面上多了一本有關天文的好書。

最早興起寫書的念頭是大學的時候，那時科普的書籍不多，跟天文相關的更少，當時不知天高地厚的想把自己懂的知識寫成書，為了這個想法還到中央大學天文所讀碩士班。後來因緣際會再讀博士，拿到博士後一心想的是如何做好天文研究。不過命運不由人，研究的路沒有繼續，反而回到最初的夢想。

走了一大圈又回到原點，是白白浪費時間嗎？其實不會，只要每一步都認真努力，走過的路就不會白費。科學研究的訓練，讓我很快就能抓到重點，重視邏輯，條理分明，內容上更是小心求證，這些都是後來科普寫作的助力。

「屋頂上的天文學家」是我經營的臉書和部落格，也是踏出科普寫作的重要一步。以科學、文化、歷史、生活、藝術、神話等角度介紹天文，這也是天文迷人有趣的地方，很多地方都可以看見天文的蹤影。

「漫遊宇宙 101 個天體」是我在中正大學教授的通識課，介紹各式各樣的天體，從太陽系到恆星、銀河系、星系和宇宙。這門課有點像是普通天文學，不過課程的設計上，希望非理工科系的學生也能接受，所以內容上更淺顯、有趣，不會艱澀難懂。

這本書的內容就是從「漫遊宇宙 101 個天體」課程中的太陽系單元轉換而來，介紹太陽系裡的大大小小天體，未來可以讓學生透過書與文字的方式認識這門課。

這本書的一大亮點就是精美的插圖，我天馬行空的構想，插畫家 Jozy 都能一一達成，讓這本書充滿特色、非常吸睛，感謝 Jozy。

這本書的完成還要感謝許多人，謝謝太太這段時間請假在家顧小孩，打理家務，讓這本書得以順利完成。感謝麥浩斯的王斯韻副總編輯的細心打點，讓這本書精美充實。最後，感謝陳文屏教授在百忙中，抽空寫推薦序，還給予許多建議及指正，讓整本書更完善。

天文有趣嗎？我已經在這裡悠遊幾十年，還是常常發現許多樂趣，就像在海邊撿到貝殼的小孩，讚嘆造物者的神奇。天文有趣嗎？等你自己翻開這本書去發覺！

「木星是吉星，土星是凶星。」「外顯性格看太陽，內在需求看月亮。」「金星掌管金錢和愛情。」「水星逆行的時候要小心 3C 產品故障，不要簽署重要的合約。」上述這些內容，是不是挺耳熟能詳的呢？對於並不熟悉天文學的我們，日常中最常接觸到這些行星們的機會，大概都來自星座運勢吧？

然而這些似乎影響著我們人生各種方向的星星們，實際上跟人類和地球的關係是如何？它們各自又是什麼樣子？人類的太空科技能幫助我們認識這些天體多少呢？

多虧了有為這本《噢！原來如此 有趣的天文學》繪製配圖的機會，讓我對這些星星、太陽、月亮，甚至是矮行星、衛星們的認識，不再僅限於星座運勢與自然課本上的久遠回憶，而能進一步從探索太空的角度，去理解這些恆星、行星、衛星們的相互關係。

在閱讀過程中，我收穫了許多驚奇的小知識，諸如：月球竟影響著地球自轉軸的搖晃程度，還能替地球擋下隕石；金星因失控的溫室效應，表面高溫高達攝氏 464 度，而這很可能就是地球將來的樣貌；木星上最大的高氣壓風暴「大紅斑」比整個地球都還大，海王星上的「大暗斑」風暴速度甚至達到時速 2100 公里！

還有許多數不勝數的天文知識，藉由李昫岱老師有趣的口吻，輕鬆淺顯的展現在讀者面前，帶領我們探索這個雖然身處其中，卻未必熟悉的太陽系。讀完這本書後，想必能讓自己和這個宇宙又多親近一點！

感謝李昫岱老師的諸多專業指教，與副總編輯斯韻的細心建議，才讓這本書的插圖部分順利完成。也很開心能藉由這個題材，繪製了許多宇宙與天體們的畫面，其中還有不少將行星們擬人化並做出詼諧互動的插圖，圖文搭配起來後，我自己也常常讀得莞爾一笑。期待這些圖能夠讓讀者們更容易想像，並且愉快享受這趟太陽系之旅。

和我們一起翻開這本書，說聲「噢！原來如此」吧！

有趣的天文學導讀

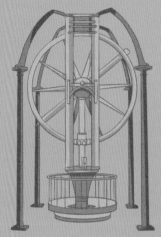

發現穀王星的望遠鏡。

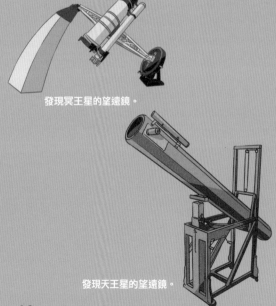

發現冥王星的望遠鏡。

發現天王星的望遠鏡。

這本書介紹的對象是太陽系，各個章節以太陽系中的主要天體為主題，從太陽、行星、矮行星、彗星、小行星、隕石和探索太陽系的任務，這跟一般的教科書編排方式很類似。

不過，這不是一本教科書，也不是鉅細彌遺的百科。這本書的重要目的是引起讀者對天文的興趣，所以在每章的小主題上就非常不同，編排和設計上選擇了讀者會覺得有趣的主題。

太陽，自從它形成後就時時照耀太陽系，它照過古埃及的金字塔，照過古希臘的帕德嫩神廟，養育地球上的萬物，不過除了少數科學家，大概很少有人會問太陽為什麼會發光？太陽影響我們的方式超乎你的想像，你知道太陽表面上的黑子差點引發世界大戰嗎？當太陽被月亮遮掩發生日食，神話和科學如何解釋這難得的現象呢？

八大行星，是我們很熟悉的天體，比較水星、金星、地球與火星等四顆類地行星，會發現原來我們的地球如此特別！你知道地球也會呼吸嗎？呼與吸之間，維持了地球大氣中二氧化碳的穩定。除了類地行星外，木星與土星也是肉眼可見的行星，到了望遠鏡發明後，才發現天王星與海王星，這兩顆最外側的行星又是怎麼被發現的？

矮行星，冥王星在 1930 年發現後就被稱為第九號行星，不過 2006 年時重新分類為矮行星，為什麼有這樣的轉折呢？鬩神是希臘神話中的不合女神，她又在冥王星的分類上扮演什麼角色？

衛星，只要繞著較大天體運行的小天體都稱為衛星。月球是地球的衛星，它的存在對人類很重要，當月亮被地球影子遮住會出現月食，血紅色的月全食曾經幫助哥倫布脫離險境，幫阿拉伯的勞倫斯打勝仗。不只行星有衛星，矮行星和小行星也可能有衛星。

太陽系小天體，除衛星以外，比行星和矮行星小的天體都稱為太陽系小天體，它們在太陽系裡數量最多，粗略可以分為小行星和彗星。這些小天體偶爾會撞上地球，造成的影響跟它的質量有關，可能造成生物滅絕，也可能只是流星劃過。

探索太陽系任務，自從人類進入太空時代，太陽系的探索就往前踏了一大步。各式各樣的探測器和登陸器探索了太陽系的各個角落。未來人類還可能移民火星，在火星上建立家園。

太空一直是個引人入勝的地方，這本書是個起點，它的功能有點像是店家門口吸引客人的裝飾、看板和招牌，如果覺得有趣、好奇，自然會進入天文的殿堂。宇宙裡面的宗廟之美，百官之富，就等你自己去發覺。

發現海王星的望遠鏡。

Ch.1

太陽系裡的大家長：
太陽

圖解太陽系

太陽是銀河系裡的一顆恆星，繞著銀河中心運行，大約 2 億多年運行一圈。銀河系裡約有數千億顆恆星，太陽只是其中的一顆。

銀河系中，太陽算是質量比較小的恆星，比太陽質量大的恆星，質量可達太陽的數十倍，這類的恆星比較少；另外，比太陽質量小的恆星，數量卻非常多，質量最小的恆星，只有太陽的 8/100。

太陽跟其他恆星一樣有生老病死，它是怎麼誕生的呢？

銀河系中除了恆星外，還有一團一團的氣體，天文上稱它們為分子雲，分子雲主要由氫分子、氦與少數的塵埃組成；分子雲中密

銀河系的直徑約 10 萬光年，大約由數千億顆
恆星組成。我們的太陽只是銀河系裡數千億顆
恆星中的一顆。太陽系裡的行星差不多都在同
一個平面上繞著太陽運行。

度比較高的地方會受本身重力影響而往核心
塌縮；核心密度愈來愈高，溫度也愈來愈高，
最後點燃核反應，形成一顆恆星。

太陽從分子雲誕生，所以它的組成也跟分子
雲差不多，絕大部分由氫和氦組成，其他的
恆星也是如此。

我們的太陽在銀河系中或許不特別，不過對
地球上的我們非常重要，它無償、無私提供
光和熱，沒有太陽就沒有能量；沒有能量地
球上的生物幾乎都無法生存。

太陽主導著太陽系的運作，它是太陽系裡質
量最大的天體，其他的行星、矮行星、小行
星和彗星都以各自的軌道繞著太陽運行。

沒有你就活不下去，你是我的太陽！

現代人對太陽似乎沒有特別的感情，只知道白天時太陽會出現，夜晚時太陽會消失，日以繼夜的忙碌生活不覺得太陽哪裡重要。

早期以農業為主的社會裡，太陽的角色非常不一樣。沒有太陽，作物就不能生長、生產穀物，生活無以為繼，所以古代的人類會以各種方式表達對太陽的敬意。

地球上的生命幾乎都仰賴太陽發出的能量才能生存，沒有太陽生命就活不下去。植物行光合作用產生氧氣，同時提供食物給草食動物，而肉食動物獵食草食動物，這是最簡化的食物鏈。人類也不例外，我們用的能源幾乎都是來自於太陽，從太陽能、水力、風力、煤、石油等等都跟太陽有關。

水力發電和太陽有關嗎？水在地球表面的循環與太陽息息相關，太陽的光和熱讓水蒸發形成雲，雲在山區降雨後匯聚成河，河水轉動發電廠的渦輪產生電力；風力發電也差不多，太陽的光和熱讓大氣流動，流動的風才能推動風車產生電力。

煤和石油也跟太陽有關嗎？煤和石油也稱為石化燃料，它們是遠古的動植物死亡後，埋藏在地底，受到壓力擠壓形成。人類使用的能源中，只有核能和地熱跟太陽沒有關係。

不過，太陽並不會永久發光，現在太陽已經 45 億歲，讓太陽發光發熱的能量終究會用完。不過別擔心，太陽還會持續照耀我們 50 億年！

太陽提供地球生物能源。人類所需的能量，幾乎都來自於太陽，如果沒有太陽，人類就無法生存。

太陽崇拜

一個文明要興盛就要先顧好肚子，吃飽了才有力氣去思考、發明、創造和建設。如果三餐不繼，每天都要為明天吃什麼煩惱，很難有心思去做創造文明的事。

要吃飽很難嗎？對古代人來說確實不是件容易的事，其中的關鍵是要了解太陽的四季運行。地球上的生物都依靠太陽的運行過日子，動植物的生長、繁衍都跟太陽有關，所以人類賴以為生的漁獵或農業，都離不開太陽。古代人類明白太陽的重要之後，開始崇拜太陽。

卡斯堤悠金字塔四面都有階梯，四面階梯的總和是 364 階，加上最上面的巨大台階是 365 階，正好是一年的天數。

仔細觀察日出時太陽升起的位置，可以發現位置會南北移動。當太陽升起的位置達到最北，這時稱為「夏至」，是一年中白天最長的一天；接著太陽會往南移動，太陽從正東方升起時是「秋分」，白天和黑夜等長；太陽日出方向繼續往南移，到達最南端時是「冬至」，是夜晚最長的一天；抵達最南端後，日出方向往北移動，太陽從正東方升起時是「春分」，跟秋分一樣是日夜等長。量測兩次夏至或冬至間隔的時間就是一年。

古代的英國人根據日出方向，用巨大的石塊標示每年夏至太陽升起的位置，這個巨大的史前建築稱為巨石陣（Stonehenge），是人類對太陽崇拜的具體表現。

卡斯堤悠金字塔（Temple of Kukulcán）又稱為羽蛇神或瑪雅金字塔，位在墨西哥契琴伊薩（Chichen Itza）的遺跡內，這座金字塔是為了膜拜羽蛇神而建造的。卡斯堤悠金字塔的座向不是正南北向，而是順時針轉了 22.5

度，卡斯堤悠金字塔的四面都有階梯，四面的階梯中，只有東北側階梯底部有一對石雕的羽蛇神的頭。

卡斯堤悠金字塔在設計上相當獨特，它的四面各有 91 階的樓梯，所以一共有 4x91=364 階，再加上金字塔頂端巨大的台階，正好是 365 階，這和一年 365 天相吻合！

這還不是最特別的，每年春分和秋分這兩天的日落前，太陽會將金字塔一角投影在東北側的階梯上，長長鋸齒狀的投影，加上階梯下羽蛇神的蛇頭，看起來就像是羽蛇神從天而降！

不得不佩服建造者的巧思，因為金字塔轉了 22.5 度才會出現這樣的效果，每年春分和秋分這兩天，卡斯堤悠金字塔吸引了許多遊客前往朝聖，一睹這難得一見的景觀！

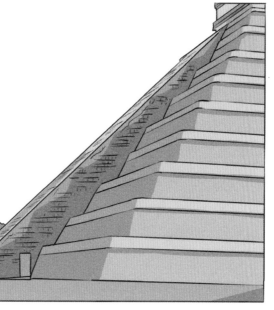

羽蛇神降臨：每年春分和秋分太陽西下時，金字塔一角的影子會投影在金字塔的階梯上，看起來就像一條從天而降的巨蛇。

17

不插電的太陽為何會發光？這個答案能拿諾貝爾獎

夜晚時，按下電燈開關就可以得到照明，大家應該都知道電燈為什麼會發光，那是因為電提供電燈能量，所以電燈才會發亮。

太陽每天從東方升起，提供我們白天的光和熱，到了傍晚才西下，日復一日，年復一年。你是不是已經習慣太陽的「付出」，認為這一切都是理所當然，你有沒有想過不插電的太陽為何會發光？

太陽不用電就可以發光，而且已經照亮太陽系 45 億年，它的能量來自於核心的氫核融合反應。

這個看似簡單的問題，其實困擾科學家很長一段時間。早期人類用煤碳來產生動力和能量，如果太陽的能量是由燃燒煤碳來的，那麼整顆都是煤碳組成的太陽可以燒多久？答案是 6 千多年，只比人類的文明史長一些，但是比化石、岩石或地球年齡（45 億年）短很多，顯然，太陽不是靠燃燒煤碳發光。

後來的科學家提出一些想法，不過都不能解釋太陽如何維持長時間的發光發熱，這個問題到了 20 世紀才出現解答。天文家發現太陽主要是由氫和氦組成，太陽核心的溫度高達攝氏 1 千 5 百萬度，而且密度非常高，這樣高溫高壓的環境下，核心會發生氫核融合反應，氫會融合成氦，融合過程會釋放出大量的能量。根據科學家的估算，太陽每秒會消耗 6 億公噸的氫，核心的氫足夠讓它持續燃燒大約 1 百億年！

「太陽如何發光」這個問題看似平常，卻

是科學上相當基本而且重要的問題，最早解決這個問題的是德裔美籍科學家漢斯・貝特（Hans Bethe），貝特這個貢獻，也讓他獲得 1967 年諾貝爾物理獎！

工作一年 365 天，一天 24 小時，甚至連續無休 45 億年，這已經嚴重違反勞基法！

19

太陽黑子會影響我們嗎？

大家印象中的太陽，可能是圓圓白白亮亮的樣子，不過透過觀測太陽的儀器，能看見太陽表面有時會出現黑色小點，這就是所謂的太陽黑子（sunspot）。

什麼是太陽黑子？

太陽黑子簡單來說就是太陽表面溫度較低的地方，太陽表面大約是攝氏 5500 度，黑子的溫度大約是攝氏 3、4 千度。從地球上看，它們只是太陽表面的一個小黑點，不過它們實際的大小通常都比我們的地球還大。

太陽黑子會在太陽表面上出現和消失，一般太陽黑子的壽命是幾天到幾個星期，長期觀察太陽黑子，會發現太陽黑子的數量有一個 11 年左右的週期。太陽週期開始於太陽黑子最少的時候，此時太陽表面看起來相當乾淨，稱為「太陽極小期」；接下來幾年太陽黑子的數量會漸漸增加，當數量達到最多時，稱為「太陽極大期」；過了極大期後，太陽黑子的數量會漸漸減少，再次回到極小期。最近一次的太陽週期開始於 2008 年 12 月，2014 年 4 月時達到極大期。

黑子愈多，太陽愈活躍

太陽黑子是太陽活躍程度的指標，黑子數量越多，太陽就越活躍。太陽在極大期時，發出的能量會比極小期多大約千分之一。

黑子是太陽表面比較暗的地方，太陽黑子極大期時，變暗的地方增加了，為何太陽發出的能量反而比較多？那是因為太陽黑子增加

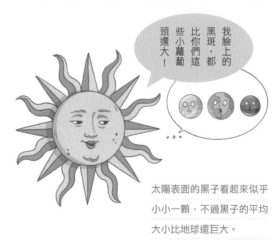

我臉上的黑斑，都比你們這些小蘿蔔頭還大！

…

太陽表面的黑子看起來似乎小小一顆，不過黑子的平均大小比地球還巨大。

的時候，太陽光斑（solar facula）也增加了，光斑的亮度比太陽表面還亮，太陽光斑增加的亮度比黑子減少的還多，所以整體而言，太陽發出的能量還是增加了。

活躍的太陽黑子附近有時會引發太陽閃焰，出現時間只有短短幾分鐘到幾十分鐘，但是太陽閃焰會產生巨大能量，有時甚至還會送出大量的帶電粒子，如果這些大量帶電粒子正好朝向地球，可能會造成人類嚴重的災難。例如，1989 年 3 月，造成加拿大魁北克的供電系統毀壞，6 百萬人無電可用。

一大群的太陽黑子會引發太陽閃焰造成災難，如果太陽黑子數量太少又會如何呢？觀察紀錄，科學家發現在 1645 年到 1715 年之間，太陽黑子的數量非常少，沒有明顯的極大期和極小期，這段期間稱為蒙德極小期（Maunder Minimum）。期間歐洲和北美的溫度比平均溫度還低，這造成冬天不常結冰的英國泰晤士河，變得較常結冰。

近幾年來觀測到的太陽黑子數量比預期的還少，一些科學家「推測」地球即將進入小冰河期，就像蒙德極小期一樣。我們的地球未來會如何呢？地球溫度真的會降低嗎？這些都需要時間去證明，持續關注太陽黑子，看看它會為我們帶來什麼樣的影響吧！

最近皮膚白細，沒有黑斑。

太陽的黑斑太多，差點引起第三次世界大戰！

1967 年 5 月 23 日，美國在阿拉斯加、格陵蘭和英國的軍事雷達同時受到干擾，當時正逢美國和蘇聯兩強之間的冷戰時期，這三座雷達站是為了預警蘇聯的飛彈攻擊。如果蘇聯發射飛彈攻擊美國，這三座北方的雷達站就在攻擊的必經路線上。

三座雷達站同時受到干擾，可能就是蘇聯對美國發動攻擊的前兆！美國空軍相當緊張，戰機準備升空反擊，第三次世界大戰一觸即發。但這真的是蘇聯發動攻擊的前兆嗎？

風暴來襲！

雷達站被干擾的 5 天前（1967 年 5 月 18 日），遠在地球 1 億 5 千公里外的太陽表面，出現了一群巨大的太陽黑子；5 月 23 日，這群太陽黑子的附近爆發出劇烈太陽閃焰，好幾個天文台都觀察到這個現象。

太陽閃焰發生在活躍的太陽黑子附近，它出現的時間只有短短的幾分鐘到幾十分鐘，但

美白真的很重要，如果黑斑太多，地球人可能又會打起來！

太陽黑子大量出現時會影響地球通訊，目前有好幾顆衛星在監控太陽表面的動態，如果有異常就要做好防範。

是太陽閃焰會產生巨大的能量，這股能量會
發出強烈的電磁波，從 X 射線、紫外線、
可見光到無線電都有。

還好，美國空軍詢問了太空氣象預報員，預
報員告訴他們太陽表面出現強烈的太陽閃
焰，這三個雷達站是受到太陽閃焰發出的無
線電干擾，而非蘇聯發動攻擊。太陽觀測所
提供的正確訊息，及時阻止了一場可能爆發
的世界大戰！

23

日食：最美的巧合

日食是相當特別、罕見的天象，尤其是日全食。日全食發生時，天空暗如黃昏，平常看不見的日冕，展現它迷人的光彩！看過一次後就會上癮，不遠千里還想一睹風采。

日全食和日環食出現的機率都很低，它們的發生是天文上的巧合。同一地點發生日全食的機率，大約三百多年才會發生一次。

大小的巧合

太陽和月亮在天空中看起來幾乎一樣大，差不多都是半度。太陽直徑大約是月球的四百倍，地球到太陽的距離，也差不多是月球距離的四百倍，所以太陽和月亮在天空中看起來差不多大。不過仔細量測月亮看起來的大小，會發現有小小的變化，這是因為月球繞地球的軌道是橢圓，月球最靠近地球時（近地點），看起來最大（0.558度），離地球最遠時（遠地點），看起來最小（0.491度）。

地球繞太陽的軌道也是橢圓，地球最接近太陽時（近日點），太陽看起來最大（0.545度），地球離太陽最遠時（遠地點），太陽看起來最小（0.527度）。

對現代人來說，日食是可以預測的天文奇觀，當日食發生時，往往吸引許多人前往觀看，體驗這難得的景象。

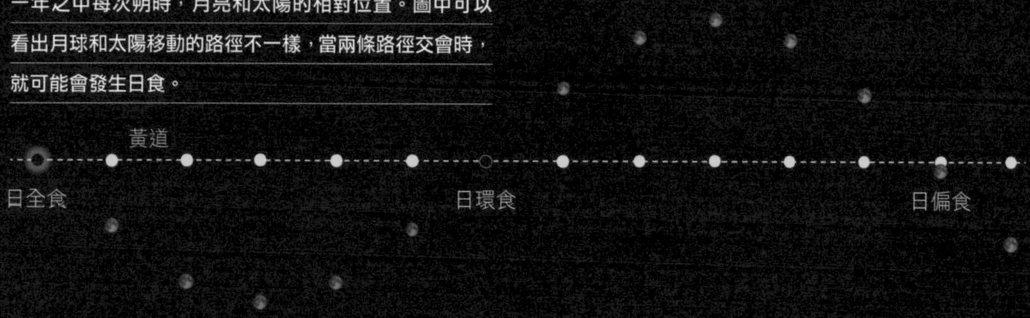

一年之中每次朔時，月亮和太陽的相對位置。圖中可以看出月球和太陽移動的路徑不一樣，當兩條路徑交會時，就可能會發生日食。

黃道

日全食　　　　　　　　　　　日環食　　　　　　　　　　　日偏食

日食發生時，會出現日環食或日全食？這時候就看誰比較大。如果太陽比較大，月亮無法遮蔽整個太陽，就會出現日環食；如果月亮比較大，月亮可以把整個太陽遮住，出現日全食。

空間上的巧合

日食只會發生在「朔」，也就是新月的時候。每個月的朔時，差不多就是月亮和太陽在天空中最靠近的時間，兩個天體在天空中最靠近，太陽才會被月亮遮住，發生日食。為什麼不是每個月的朔都會發生日食呢？

太陽和月亮在天空中移動的路徑分別稱為黃道和白道，黃道和白道在天空中沒有重合，所以不是每次的朔都會發生日食。一年中黃道和白道只有兩次相交，這兩次的相交就會發生日食。

時間上的巧合

我們正好處於一個同時可以看見日全食和日環食的時期。月球和我們的距離不是固定不變的。月球形成後，就一直遠離地球，目前月球每年以 4 公分的速度漸漸遠離我們。

可以想像，很久很久以前的月亮比較靠近地球，當時的月亮看起來比現在大，所以那時的日食只會發生日全食，不會出現日環食！

很久很久以後，月球離我們愈來愈遠，月亮看起來愈來愈小，到時候日食發生時，月亮小到無法遮住整個太陽，只會出現日環食！

臺灣下次發生日全食是 2070 年 4 月 11 日，有機會一定不要錯過這最美的巧合！

25

印度日食神話

古代人對日食或月食發生的原因不清楚，往往用神話來解釋，而古代印度人就認為日食是惡神羅睺（Rahu）把太陽吃掉造成的！

印度最早的眾神並不是永生的，善神們（提婆族）和惡神們（阿修羅族）之間衝突不斷。後來為了取得長生不老甘露，善神和惡神雙方決定一起合作。

提婆族和阿修羅族經過千年的共同努力，終於取得長生不老甘露，這時阿修羅族露出邪惡的本性，打算獨佔甘露。雙方在爭執後，提婆族最後搶到甘露，獲得勝利。

羅睺的詭計

阿修羅族中有一位精明的惡神羅睺，當提婆族眾神在分甘露時，羅睺變身為眾神的一員，打算分食甘露，獲得長生不老。

這次要吃月餅，還是太陽餅呢？

古代人對日食和月食的成因不了解，所以用神話來解釋這些令人害怕的天象，雖然不科學，卻充滿文化意涵。

不過羅睺的詭計被太陽神和月亮神發現，太陽神和月亮神趕緊通報法力強大的毗（音同皮）濕奴。當羅睺把甘露喝到嘴裡，正要吞下時，毗濕奴用飛刀砍下羅睺的頭。

羅睺的頭有喝到甘露，所以得到永生。但是甘露沒有進到羅睺的身體，身體馬上就死了。羅睺的頭非常痛恨太陽神和月亮神，祂的頭一直追著太陽和月亮，有時候太陽和月亮被祂追到，羅睺的頭就會把太陽或月亮吞下，形成日食或月食。不過因為羅睺只剩下頭，吞下的太陽和月亮不久就會從喉嚨下跑出來，日食和月食就會結束。

太陽餅很好吃，不過怎麼都吃不飽？

泰雅族原住民的太陽傳説

很久很久以前，天空突然出現兩顆太陽，兩顆太陽發出過多的光和熱，讓人類飽受高溫之苦，種植的農作物也長不好，長年飢荒。

泰雅族頭目招集長老想辦法，他們認為這一切是多出來的太陽造成的，決定選派三位最英勇的勇士，前去日出的地方除掉一顆太陽。三位勇士拜別族人前往日出的地方，日子一天天過去，天上依舊有兩顆太陽，原住民咬著牙過日子。

有一天，村落來了三位拄著拐杖的老先生，他們說自己是之前派去除掉太陽的勇士，因為日出的地方太遠，三位勇士走不到那裡，只好回來把這個訊息回報給族人，說完後他們就相繼過世。村落裡的頭目和長老得到訊息後，商量對策，他們決定再派出三位勇士，不過這三位勇士各自帶著自己的小嬰兒，如果三位勇士沒完成任務，將交由他們的小孩繼續完成。

兩顆太陽讓原住民生活辛苦，三位泰雅族勇士背著自己的小孩前往日出的地方，他們要除掉其中一顆太陽。

三位勇士背著小嬰兒，帶著族人的期望往日出之地出發。他們沿路種下橘子，作為引領小孩回家的路。三位勇士在路上撫育小孩，小嬰兒一天天長大，從學習爬、走、跑、跳開始，到長大成為優秀的戰士；而三位勇士則從年輕、壯年到年老，最後把任務傳承給小孩，在前往日出之地的路上相繼死去。

三位年輕戰士繼續往日出之地前進，幾年後終於來到日出之地。他們內心非常緊張，因為他們肩負父親和所有族人的期望。當第一顆太陽升起，緊張的心情讓射出的箭偏了。過沒多久第二顆太陽升起，三位戰士沒有錯過機會，三支箭都射中太陽。被箭射中的太陽，噴出滾燙的液體灑向天空中變成一顆顆的星星，受重傷的太陽變暗成為了月亮。

村子的人從天上剩一顆太陽後就一直等三位戰士回來，三位戰士沿著父親種的橘子樹走回村子，經過數十個春夏秋冬，回到村莊時也已經老得需要用拐杖才能走路。他們回到還是嬰兒就離開的地方，受到一群未曾謀面的族人英雄式的歡迎。

三位勇士的小孩除掉一顆太陽回到家鄉時，已經老得要用拐杖才走得動，他們受到族人英雄式的觀迎。

Ch.2

地球的姐妹：
八大行星

水 金 地 火
星 星 球 星

木
星

土
星

0.4 0.7 1 1.5

5.2

10

圖解八大行星

太陽系裡的行星有 8 顆，離太陽由近而外分別是水星、金星、地球、火星、木星、土星、天王星和海王星。如果我們從太陽系的上方（北極）看，這八顆行星差不多都在同一平面上繞太陽運行，運行方向都是逆時針。

這八顆行星還可以分成兩類：類地行星（terrestrial planet）與巨行星（giant planet）。顧名思義，類地行星是指類似地球的行星，它們有岩石表面，水星、金星、地球和火星都是這類行星。巨行星的體積和質量都比類地行星巨大許多，木星、土星、天王星和海王星都屬於巨行星。雖然巨行星的體積和質量都比類地行星大，不過類地行星的平均密度都比巨行星高。

太陽系裡的行星主要分成兩類：類地行星和巨行星。類地行星有水星、金星、地球和火星，它們較靠近太陽。另外四顆巨行星木星、土星、天王星和海王星，位在太陽系的外側。這樣的分布跟太陽系的形成過程有關。

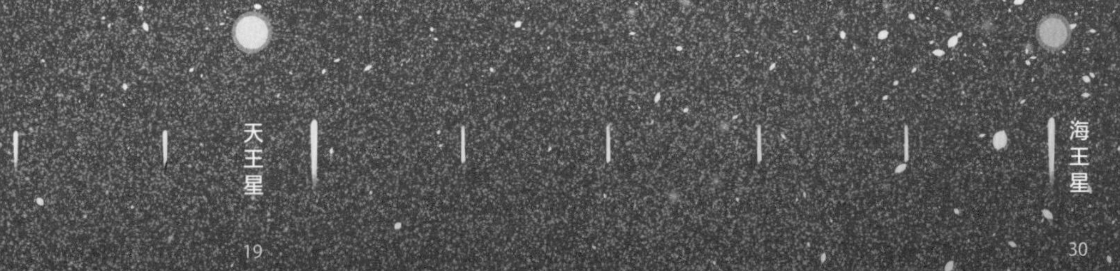

天王星

19

海王星

30

這兩類的行星除了大小不一樣，它們在太陽系裡的分布位置也不同，類地行星比巨行星靠近太陽。

以上是我們對八大行星的了解，科學家又如何解釋這些現象？這些現象都可以用行星形成來解釋。銀河系裡的分子雲收縮旋轉後讓分子雲呈扁平的圓盤狀，太陽位在中心密度

最高的位置。太陽形成後，圓盤上的物質開始受重力聚集收縮，太陽附近溫度高，類地行星的質量小，它們的重力無法抓住這些氣體。火星軌道外溫度較低，水會凝固成冰，大量的冰讓這裡的行星長得巨大，這些行星的重力能夠抓住氣體形成巨行星。行星形成後，會把軌道上的殘餘物質清除，最後就成為現在大家熟悉的樣子。

行星的名字怎麼來的？

我們熟悉的水星、金星、火星、木星和土星，名字是怎麼來的？它們的名字相傳來自漢朝的司馬遷，司馬遷根據「五行」來命名，它們出現在《史記》裡的天官書裡，不過這五顆行星最早的名字卻跟五行沒有關係。

水星更早的名字是「辰星」。水星是最靠近太陽的行星，從地球上看，水星在天空中離太陽的角度不會太遠，離太陽最遠只有 28 度，相當於一辰（一辰等於 30 度），所以水星稱為辰星。根據司馬遷的觀察，辰星的顏色是灰色，跟黑色接近，五行中黑色屬水，所以辰星稱為水星。

金星在更早之前稱為「太白」，白色的太白，五行中白色屬金，所以太白就稱為金星。金星非常亮，天空中只比太陽和月亮暗，是天空中第三亮的天體。

火星的古名是「熒惑」。紅色的火星看起來熒熒如火，從地球上看火星的運行方式時快時慢，有時還往後退，這種運行方式讓人疑惑，所以稱為熒惑。紅色在五行中屬火，所以稱為火星。

木星在司馬遷之前稱為「歲星」。木星在星空中的運行週期接近 12 年，可以用來記歲，所以稱為歲星。司馬遷認為木星的顏色是青色，青屬木，歲星就稱為木星。

土星原本稱為「鎮星」（或填星）。天空中有 28 星宿，土星的週期約 29.5 年，相當於

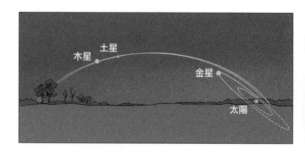

水星和金星的軌道位在地球內側，它們只會出現在清晨或黃昏。位在地球軌道外側的火星、木星和土星會出現在天空任何位置。

每年移動一個宿，就像是輪流鎮守一樣，所以稱為鎮星（或填星）。土星的顏色偏黃，五行中黃屬土，鎮星後來就稱為土星。

行星名源自古希臘

我們現在通用的行星英文名字是從羅馬來的，而這些羅馬名則源自於希臘神話眾神的名字。羅馬接收希臘的神話故事，只把希臘神話中的人物更改名字，不過故事情節還是一樣，眾神的個性也雷同，羅馬神話只是換湯不換藥的希臘神話。

水星的希臘名是荷米斯，祂是神話中的信使之神，替眾神傳遞消息，是宙斯的兒子，相當於羅馬的墨丘利。

金星的希臘名是阿芙蘿黛蒂，祂的羅馬名可能更響亮：維納斯，是美麗的化身，是神話中的美神。

火星是戰神，祂的希臘名與羅馬名分別是阿瑞斯與馬爾斯，也是宙斯的兒子。戰神和美神都各有所屬，不過祂們常常瞞著另一半偷偷幽會。

木星是眾神之王，希臘名是宙斯，羅馬名則是朱比特。雖然貴為眾神之王，不過個性風流，花名在外，整部希臘神話大都跟祂的私生活有關。

土星是宙斯的父親克羅諾斯，是農業之神，羅馬名是薩圖恩，宙斯打敗父親後才成為眾神之王。

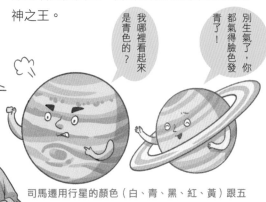

司馬遷用行星的顏色（白、青、黑、紅、黃）跟五行（金、木、水、火、土）對應，太白是金星，歲星是木星，辰星是水星，熒惑是火星，鎮星是土星。

33

地球：獨一無二的世界

地球是我們的家，是各種生命世世代代生存的地方，生命存在相當不易，需要許多條件的配合。

地球表面有豐富的水，百分之七十的表面被水覆蓋。液態水的存在對生命很重要，地球上有水的地方幾乎都有生命，生命很難離開水。液態水能夠存在於地球，是因為我們與太陽的距離不太近也不太遠。如果離太陽太近，地表的溫度太高，液態水會蒸發為水蒸氣；如果離太陽太遠，地表溫度太低，水會凝固成冰。地球剛好離太陽不近也不遠，地表的溫度不高不低，正好能讓液態水存在。

地球內部長什麼樣子？

太陽系中，地球是我們最了解的行星，我們可以透過各種方式和儀器，裡裡外外去探測和研究我們的星球。

比起太陽系裡其他的類地行星，地球非常的特別，要了解地球特殊之處，必須從地球的內部結構說起。地球構造由內而外分成四個部分：內核、外核、地函和地殼。

「地核」分成外核和內核，它們分別是流體和固體，構成的主要物質是鐵和鎳。地核的溫度相當高，核心的地方高達攝氏 7000 度。

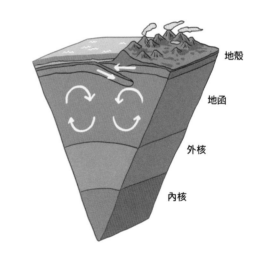

地球結構剖面圖：分成內核、外核、地函和地殼，每一層都有自己的作用，這些作用讓地球成為太陽系裡獨一無二的行星。

因為外核是流體，流動的鐵和鎳產生磁場，這是地球磁場的來源。磁場相當重要，它扮演大氣層防護罩的角色。

太陽除了發出光和熱外，還會吹出帶電粒子，這些來自太陽的帶電粒子稱為太陽風，磁場保護地球大氣免於受到太陽風的直接衝擊。如果地球沒有磁場保護，大氣會被太陽風吹散流失。

「地函」位在地核和地殼之間，由岩石組成。地函溫度相當高，炎熱岩石以非常緩慢的速度流動。地函下層受到地核加熱，形成溫度高、密度低往上浮的物質，到達地函上層散熱後溫度變低、密度變高往下沉。整個流動過程就像煮熱水一般，地核就像加熱的瓦斯爐，地函就像鍋子裡的熱水，熱水以對流的方式流動，把下層的熱往上層傳遞。

「地殼」是浮在地函上方的固態殼層。地殼與上部地函組成板塊（tectonic plate），整個地球有 7 或 8 個板塊。地函對流帶動板塊移動，板塊運動（plate motion）造成板塊間碰撞和擠壓，進而產生地震和火山。雖然水星、金星和火星也都有地核、地函和地殼，卻只有地球有板塊運動。

板塊運動相當重要，它會影響地球的氣候！下一篇為你揭曉。

健檢單

行星	金星	地球	火星
磁場	陰性	陽性	陰性
板塊運動	陰性	陽性	陰性
表面的液態水	陰性	陽性	陰性
大氣（atm）	92	1	0.01
生命	未檢出	陽性	未檢出

地球也會呼吸！？

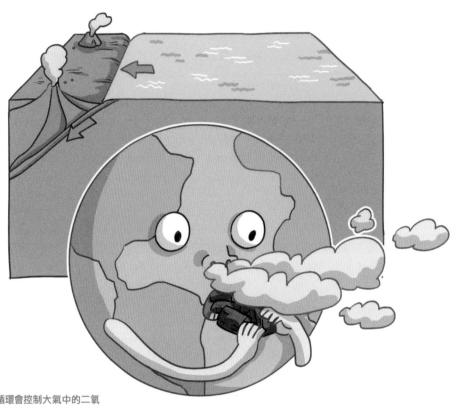

地球本身的碳循環會控制大氣中的二氧化碳濃度，碳經由板塊運動帶入地函，再由火山噴二氧化碳回到大氣中，這樣的碳循環就像地球在呼吸一樣。

二氧化碳是溫室氣體，太多太少都會影響地球的氣候。自然的情況下，地球本身有一套機制，維持大氣中的二氧化碳平衡。

地球上的砂石會吸收二氧化碳，這些吸附二氧化碳的砂石和動植物的遺骸會隨著雨水河川流向大海，沉積到海底，經由板塊運動把碳帶往地函，最後變成岩漿的一部分。這些碳儲存在地函裡一段時間，有一天會藉由火山噴發重回大氣。這樣規律的碳循環就像地球在呼吸，讓碳有進有出，使得地球大氣中的二氧化碳達到平衡，維持一定的量。

太多太少都不行

如果地球上沒有溫室氣體，太陽提供地球的熱將會快速流失，地球的溫度會比現在低，如果沒有溫室氣體，科學家估計地表溫度大約是攝氏零下 18 度。

工業革命後，人類為了得到動力製造許多二氧化碳，大氣中的二氧化碳愈來愈高，過多

的二氧化碳破壞原本的平衡機制，形成全球暖化，升高的溫度造成氣候變遷，不利人類和其他生命生存。

地球你幾歲呢？

科學家費了很大的功夫才知道地球幾歲。放射性元素是天然的計時器，如果運用的方式正確，可以準確估算時間的長度。例如，鈾-235（Uranium-235）在一連串的衰變後會形成穩定的鉛-207，每7億年一半的鈾-235會衰變成鉛-207，從鈾和鉛的比例可以推算鈾生成的時間。

假如，鈾-235形成時有64個原子，7億年後32個鈾-235衰變成32個鉛-207，剩下32個鈾。鈾形成14億年後，32個鈾原子再衰變一半，只剩16個鈾原子，鉛原子的總數則增加到48個。經過42億年後，鈾原子只剩下1個，鉛則累積到63個。科學家可以從鈾和鉛的比例推算出鈾是什麼時候形成的。純粹的鈾就像按下碼表，從鈾／鉛比例可以知道碼表走多少時間。

如果我們在地球的岩石裡發現鈾和鉛，可以用它們的比例來算地球的年齡嗎？很可惜不行。地球不會製造鈾，鈾是從兩顆中子星合併的過程中產生，這些鈾製造出來後就開始衰變成鉛，計時的碼表已經按下。鈾來到地球時已經伴隨著衰變的鉛，計時的碼表已經

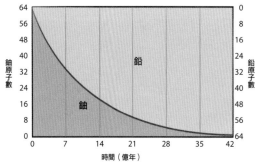

時間（億年）	鈾-235	鉛-207
0	64	0
7	32	32
14	16	48
21	8	56
28	4	60
35	2	62
42	1	63

鈾每經過7億年，就會有一半的鈾衰變成鉛。如果一開始有64個鈾原子，7億年後只剩下32個，再過7億年只剩16，再經過7億年後剩8個鈾原子。鈾的數量逐漸減少，鉛的數量逐漸增加，從鈾／鉛的比例可以推算鈾多久以前開始衰變。

跑了一段時間，碼表上的時間跟地球的年齡沒有直接關係。不過一種特別的礦物卻讓鈾-235 解開地球年齡之謎。

時空膠囊：鋯石

鋯石（zircon）是一種結晶礦物，成分是矽酸鋯（$ZrSiO4$），這種結晶形成時偶爾會把鈾包含在內，不過卻把鉛排拒在外！所以鋯石剛形成的晶體內只有純粹的鈾，沒有鉛，這等於把碼表歸零，再重新按下碼表計時！

地球剛形成時，地表溫度很高，到處都是岩漿，岩漿冷卻後就會結晶形成鋯石。如果鋯石形成時包含著鈾，這顆鋯石就像時光膠囊，科學家只要檢測鋯石裡的鈾／鉛比例，就可以知道鋯石是多少年前形成。

目前地球上已知用鋯石量測最古老的岩石年齡是 44 億年，但因為地球的板塊運動會把岩石帶入地底，所以已知最古老的岩石可能不是最古老的。月球和隕石都是太陽系誕生時形成的，它們的年齡跟地球差不多，天文學家量測月球岩石和隕石上的鋯石，估算出地球的年齡大約是 45 億年。

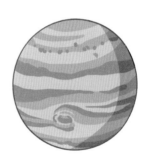

太陽系裡天體大小相差很多，不過年齡卻相差無幾。天文學家認為太陽、行星和月球都是同一時期形成的，所以它們的年齡差不多都是 45 億年。

長得像月球的水星

太陽系裡，水星是最靠近太陽的行星，也是八大行星中體積和質量最小的一顆。

水星相當的小，它的直徑只比月球大 1.4 倍。水星和月球看起來有幾分相似，灰色的表面上散布著許多的隕石坑。

水星和月球一樣沒有大氣，這是因為水星質量小，地表重力低，不容易保留大氣。加上

距離太陽很近，持續受到太陽風轟擊，即使曾經有大氣存在，也會被太陽風吹散。

跟水星比起來，地球的隕石坑非常少。地球早期也受到許多隕石撞擊，為什麼現在地球表面隕石坑這麼稀少？

地球早期的隕石坑長期受到水、風和冰等侵蝕作用而消失，另外，地表上的隕石坑在板

> 我身上有兔子的圖案喔！

> 你們兩個長得好像喔！

水星是八大行星中最小的一顆，只比月球大一些。水星表面跟月球相似，都有許多隕石坑，這些隕石坑不受風化和侵蝕作用，幾乎可以永久保存。

塊運動作用下,隱沒到地函後被抹滅。水星上沒有侵蝕作用和板塊活動,所以隕石坑形成後一直存在。

溫差最大的行星

水星白天受太陽照射時,溫度高達攝氏 427 度,夜晚時,溫度則降到攝氏零下 173 度,日夜溫差達攝氏 600 度,水星表面是類地行星中溫差最大的行星。

為什麼水星地表的溫差這麼大呢?主因是水星表面沒有大氣。大氣就像是一個保溫裝置,不會讓熱散失太快。水星少了保溫的大氣層,升溫快,降溫也快,溫差才會這麼大。

和水星相比金星有非常濃厚的大氣,保溫效果非常好,所以表面溫度變化相當小。地球和火星都有大氣,表面溫差分別是攝氏 146 度和 183 度,溫差都比水星小得多。

41

壓力鍋裡的金星

類地行星中，金星是唯一一顆看不到地表的行星。因為金星被濃厚大氣包裹著，我們只能看見金星大氣層上反射太陽光的硫酸雲。

如果可以穿透雲層，會發現金星表面至少有一千多座火山，金星是太陽系中火山數量最多的一顆行星。

高溫高壓的煉獄

金星的質量和直徑只比地球小一些，如同地球的雙胞胎，但地球和金星的表面差異卻非常大，如果地球是天堂，金星就像地獄！

金星表面溫度高達攝氏 464 度，這樣的高溫可以讓鉛塊融化！為什麼金星的表面溫度，比最靠近太陽的水星高溫還高（攝氏 427 度）呢？

金星表面的大氣壓力是地球的 92 倍，大氣的組成除了一些氮氣（3.5%），其他絕大部分是二氧化碳（96.5%）。二氧化碳是溫室氣體，它讓太陽的熱留在金星大氣層中，造成攝氏 464 度的高溫。跟廚房裡的壓力鍋比起來，金星表面的溫度更高、壓力更大！

有科學家認為，早期的金星可能和現在的地球一樣，溫度合宜，甚至有一大片海洋。但為何金星會從天堂變成現在的地獄呢？

金星只比地球稍小，有人稱金星為地球的姐妹行星，不過金星的表面卻是高溫（攝氏 464 度）高壓（地表大氣的 92 倍），比壓力鍋裡的環境更可怕。

從天堂摔落地獄

太陽早期發出的能量較少,金星的環境可能就像現在的地球一樣。當太陽發出的能量漸漸變多,海洋的水變成水蒸氣,水蒸氣和二氧化碳一樣,也是一種溫室氣體,會留下太陽的能量,讓金星變熱。變熱後的金星,形成更多水蒸氣,而水蒸氣留下更多太陽的熱,惡性循環下金星海洋的水都蒸發成水蒸氣,這種現象稱為「失控的溫室效應」。

缺乏水的潤滑,讓金星的板塊停止運動。板塊運動停止後,不能將碳帶到地底,但是火山持續噴發出二氧化碳;碳的循環終止,二氧化碳只出不進,大氣中的二氧化碳持續增加;金星大氣中的水,被太陽的紫外光分解成氫和氧,水分漸漸流失,最後,金星就變成大氣中充滿二氧化碳的地獄行星!

我們的地球會步上金星的後塵嗎?答案是肯定的!太陽將會漸漸變老,朝紅巨星演化。這個過程中太陽會膨脹,而且發出更多的能量,金星上發生過的失控溫室效應會在地球上重演。有一天,地球的水也會完全蒸發,大氣中充滿二氧化碳,變成像金星一般的地獄。到時候,太陽系裡會出現一對炙熱的雙胞胎!

你只吐氣,不吸氣,當然高燒不退!

布滿鐵鏽的紅色沙漠：火星

在地球上用望遠鏡觀察火星，火星上的地形很難看清楚，只能看到最明顯的三種顏色色塊：紅、黑和白色。

火星表面充滿紅色塵埃，這些紅色塵埃由氧化鐵組成，也就是鐵鏽，火星表面絕大部分被氧化鐵覆蓋，所以表面看起來是紅色。

火星表面還有黑色的玄武岩，這些黑色玄武岩不會一直在那裡，有時黑色玄武岩會被紅色塵土覆蓋，當紅色塵土被吹散，黑色玄武

比起水星和金星，火星算是比較宜人的行星，人類已經發射許多太空船前往探索，未來甚至可能移民到火星上生活，火星很可能成為人類下一個家園。

為什麼還沒在地球上發現外星人？

岩又裸露出來。火星在南北兩極有白色的極冠，極冠是由水冰和乾冰組成，南北兩極的極冠會隨著季節變換而改變大小。

在火星上，除了兩極的白色極冠，還可以看見一些由冰晶組成的藍白色水冰雲。

壯觀的峽谷和火山

雖然火星的直徑只有地球的一半，不過火星上的峽谷和火山卻非常壯觀。

水手峽谷（Valles Marineris）長度約四千公里，這相當於美國的寬度，最深可達 7 公里，是太陽系裡最大的峽谷之一。火星表面有一座太陽系裡最高的火山：奧林帕斯山（Olympus Mons），奧林帕斯山是座盾狀火山，如果從附近的平原算起，它的高度約 26 公里。

比起荒涼死寂的水星和高壓炙熱的金星，火星似乎有趣多了！

45

火星 vs. 地球

長久以來，人類對火星充滿好奇，火星上有沒有水？那裡住著火星人嗎？這些未知，讓人類發射各種探測器和太空船前往火星，希望一探火星的奧秘！

超級巨大火山

奧林帕斯山是太陽系裡最高的火山，它比地球上最大的茂納開亞火山（MaunaKea）還巨大，如果從火山底部算起，奧林帕斯山大約是茂納開亞火山高度的兩倍半！火星的直徑大約只有地球的一半，為什麼火星上的火山卻可以長得比地球上的還高大呢？

夏威夷大島上的茂納開亞火山屬於熱點（hotspot）火山，這類火山的岩漿來自地函，熱點的岩漿從地函往上穿出地殼形成火山。因為板塊運動，地球的地殼會移動，這造成熱點穿出地殼的位置改變，時間久後，會形成一長串的火山，其中最有名的例子是夏威夷火山群島。

夏威夷群島的大島上有幾座活火山，目前大島就位在熱點上，夏威夷群島的其他火山年齡都比大島上的老，而且離大島愈遠愈老。

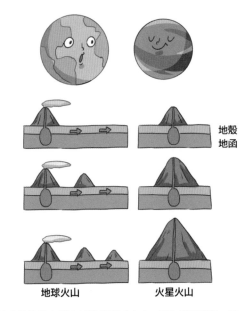

地殼
地函

地球火山　　　火星火山

地函熱點往上冒出地殼會形成火山，因為板塊運動，熱點穿出地殼的位置會改變，所以地球上會形成一長串的火山島鏈。火星上沒有板塊運動，熱點冒出的岩漿不斷在地殼上重複累積，形成比地球上高大的火山。

地球上因為板塊運動，熱點火山不會長得太大，長到一定程度，就會因為板塊運動移開熱點，沒有熱點提供岩漿，火山就會停止長高、長大。

火星跟地球不同，火星沒有板塊運動，地函的岩漿會在地殼上同一個熱點冒出，岩漿在同一熱點一直堆積長高，所以火星上的火山才會比地球上的巨大。

磁場很重要

根據科學家研究，火星早期有較厚的大氣，溫度適中，甚至表面有河川流水，跟目前的地球很類似。那為什麼火星現在會變成乾燥無水、充滿紅色沙塵的行星呢？

火星早期曾經有磁場，後來磁場消失，讓火星大氣失去防護，漸漸被太陽風剝離吹散。火星大氣壓力變小，地面上的液態水都變成大氣中的水蒸氣，大氣中的水蒸氣被太陽紫外線分解成氫和氧，流失到外太空，最後水漸漸從火星表面消失。目前火星地表的大氣壓力大約只剩地球的百分之一，而且還持續流失中！

科學家對火星磁場消失的原因還不是很清楚，有一種說法認為可能跟火星比較小有關。它的核心更小，所以散熱較快，造成外核的液態鐵凝固。外核的液態鐵凝固讓火星的磁場消失。

從火星的研究和認識，我們才明白地球原來如此特別！

醫生，有沒有人類疫苗，我想打一針。

47

真的有火星人嗎？

人類對火星上有沒有生命充滿想像，其中最有名的可能是帕西瓦爾·羅威爾（Percival Lowell）「看見」火星運河。

羅威爾是一位美國富豪，對火星非常著迷。1890 年代，他用自己建造的天文台觀看火星，並將透過望遠鏡看到的火星描繪下來。羅威爾認為他看見火星上有許多運河，建造

目前火星的表面沒有穩定流動的水，不過火星上的水可能在地底下，科學家推測火星生命可能潛藏在地底。

運河是為了把南北兩極的冰運送到乾涸的赤道，這是火星有智慧生物存在的證據。

1965 年，美國的水手 4 號太空船飛掠火星，發現火星表面一片荒蕪，根本沒有羅威爾宣稱的運河和火星生命。不過，火星有生命存在的想法太吸引人，人類還是不斷用各種方式探索火星，尋找生命。

為什麼我們對火星這麼執著呢？一方面是科學上的原因，希望找到地球外的生命形態，不管這種生命形態是不是跟地球一樣，都是非常重大的發現；另一方面可能是情感上的因素，不希望地球是宇宙中唯一有生命的地方，孤單僅有的存在。

依據地球上的經驗，只要有水的地方幾乎都找得到生命，水成為生命的重要指標。火星早期比較溫暖，地表有水流動，所以火星過去可能有生命存在。科學家認為火星上最可能出現的生命是微生物，因為水存在火星表

為什麼還沒在火星上發現生命？

地球人入侵了，趕快躲起來，千萬不要被發現！

面的時間並不長，無法演化出太複雜的生命形態。

目前火星表面已經沒有穩定流動的水，不過水還是有可能存在地表下，所以，生命有可能還在火星地底存在著。人類不斷探索火星，不久的將來人類也會登上火星，到時候火星有沒有生命的問題，可能就會有答案。

木星：太陽系裡的巨無霸

太陽系裡的行星大小差很多，木星是最重的一顆，它的質量是排名第二土星的 3.3 倍，更是其他七顆行星總質量的 2.5 倍！

除了太陽以外，木星是太陽系裡質量最大的天體，它的質量是太陽系內其他行星總和的 2.5 倍！木星表面除了不同緯度上的條狀長帶，最大特徵是南半球上的大紅斑。大紅斑是一個氣旋，它的大小比我們的地球還大。

木星和土星一樣有行星環，不過木星環非常暗，一直到 1979 年航海家 1 號飛掠木星時才發現木星環的存在。

木星 vs. 太陽

木星是一顆行星，不過它跟太陽有些相似的地方。木星大氣主要成分是氫和氦，絕大部分是氫，氦的質量大約占四分之一，這和太陽的組成非常類似。

木星和太陽的組成類似不是巧合，它們是從同一團雲氣裡生成，組成自然很相近。

木星質量大約只有太陽的千分之一，直徑大約是太陽的十分之一，所以木星和太陽的平均密度差不多。雖然木星與太陽的密度差不多，太陽系裡質量第二大的木星有可能變成一顆恆星嗎？答案是不會，木星核心的溫度和壓力不足以點燃核反應，至少要木星質量80 倍的天體才能形成一顆恆星。

51

自帶泳圈的土星

土星的大小和質量僅次於木星，是太陽系裡的第二大行星。雖然土星質量大，不過密度卻相當小，土星的平均密度是每立方公分 0.7 公克，比水的密度還低。如果把太陽系裡的八顆行星都放在一個超級巨大的水缸中，只有土星會浮在水上，其他行星都會沉到水底。

土星的自轉速度相當快，只比轉得最快的木星稍慢，土星大約十個半小時轉一圈，因為自轉快，造成赤道處比較突出，南北極比較扁平，形狀像壓扁的球，土星是太陽系行星中最扁平的行星。從影像上就可以看出土星明顯的扁平形狀，不過土星最大的特徵卻不是土星本身，而是它美麗的土星環。

1610 年，伽利略把自製的望遠鏡指向土星，這是人類第一次用望遠鏡觀看這顆行星，但當時望遠鏡品質不佳，沒有清楚看見土星環，伽利略以為土星環是土星兩側的兩顆衛

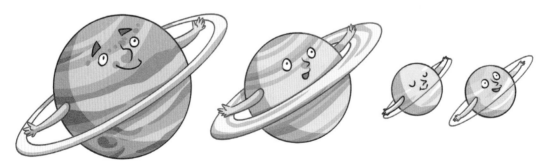

太陽系裡的巨行星都有行星環，只是土星的行星環比較顯著。另外土星環主要是由冰塊組成，冰塊比較容易反光，所以比較明顯。

看土星搖呼拉圈！
土星繞太陽一圈（29.5 年），從地球看
土星環傾斜角度的變化

星。1655 年，荷蘭天文學家克里斯蒂安・惠更斯（Christiaan Huygens, 1629-1695）用自製的望遠鏡看土星，發現伴隨土星的不是兩顆衛星，而是扁平的環，而且環沒有延伸接觸到土星表面。

土星環主要是由許多大大小小的冰塊組成，冰塊的大小從大如房子到小至砂粒都有，它們都繞著土星運行。土星環上冰塊的分布不是均勻的，有些地方冰塊較稀少，看起來像是縫隙，其中最有名的是卡西尼環縫。卡西尼環縫有 4800 公里寬，這樣的寬度放下一整顆月球（直徑 3475 公里）綽綽有餘！

53

天王（星）就是要躺著轉

自古以來，人類就知道天上有水星、金星、火星、木星和土星五顆行星，它們都相當亮，不需要望遠鏡，用肉眼就可以看見。這五顆行星的存在，就像天空中只有一顆太陽和一顆月亮，即便後來大家都接受太陽是太陽系的中心，行星中多了地球，也不認為哪一天太陽系裡的行星會再多一顆。

比起水星、金星、火星、木星和土星，天王星相當暗，接近肉眼能看見的極限，不過在天氣清澈、沒有光害下，肉眼還是能夠看見它。跟牛頓同一代的科學家約翰・佛蘭斯蒂德（John Flamsteed, 1646-1719），在他編錄的恆星星表中，記錄了天王星在天空的位置，不過佛蘭斯蒂德誤以為看見的天王星是一顆黯淡的恆星，於是他給天王星一個恆星的名字（或編號）：金牛座 34（34 Tauri），代表它是金牛座裡的第 34 號恆星，佛蘭斯蒂德錯失了發現天王星的大好機會。

喬治星或天王星？

天王星藏在科學家的眼皮底下好長一段時間，直到 1781 年，英國天文學家威廉・赫歇爾（William Herschel, 1738-1822）用望遠鏡觀察天空時，無意間發現了天王星。一開始，赫歇爾以為他看見一顆新彗星，後來發現它繞太陽的軌道接近圓形，赫歇爾才意識到自己發現一顆新行星！

天王星其實沒有非常暗，它大約是肉眼能看到的極限，天王星被正式發現前，曾經被天文學家誤以為是顆恆星，錯失名留千古的大發現。

因為赫歇爾的重要發現，當時的英國國王喬治三世決定每年給他津貼，讓赫歇爾可以繼續做天文研究。這顆新行星要叫什麼名字？成為天文學家爭論的一件事，有人建議以發現者赫歇爾的名字命名，不過赫歇爾卻希望這顆新發現的行星，以英國國王喬治三世的名字命名（喬治星）。

後來有人建議這顆新行星應該命名為天王星，因為所有的行星名字都跟羅馬神話有關，羅馬神話中木星朱比特（Jupiter）的父親是土星（Saturn），赫歇爾發現的新行星應該以土星的父親命名，而土星的父親就是天空之王（Uranus）。這個建議廣為各地的

天文學家所接受，這顆新行星就正式以天王星為名。

躺著轉比較舒服嗎？

太陽系裡行星的自轉方向都大約垂直於公轉平面，唯一的例外是天王星，天王星的自轉軸幾乎是躺在公轉平面上，科學家認為天王星早期可能受到巨大撞擊，造成它的自轉軸偏離，躺在公轉平面上。

天王星的發現，讓天文學家驚覺，原來太陽系裡還有未發現的行星！天王星以外是不是還有其他的行星呢？要如何去發現它們？這將是天文學家下一個重要的挑戰！

55

天王星啊，天王星，
請告訴我海王星在哪裡？

英國天文學家赫歇爾在偶然的情況下發現天王星，一下把太陽系行星的範圍從土星延伸到天王星，土星和天王星與太陽的距離分別是 9.6 和 19.2 天文單位，這也讓太陽系行星的範圍往外延伸了一倍！不過太陽系中行星的邊界到底在哪裡？天王星的外面還有其他行星嗎？

法國天文學家阿列西·布瓦爾（Alexis Bouvard, 1767-1843）根據牛頓力學計算出木星、土星和天王星的位置，之後的觀察發現木星和土星在天空中的位置和布瓦爾計算的相當符合，但是天王星卻有些偏離。

牛頓力學中，只要有質量就會有重力，所以行星與行星之間也會有重力互相吸引，這樣的重力吸引讓行星在繞太陽運行時，稍微偏離原來的軌道。布瓦爾懷疑天王星的偏離是一顆未知行星造成的。後來雖然布瓦爾成為巴黎天文台的台長（1822-1843），不過一直到過世為止，都沒有展開搜尋這顆未知行星的行動。

勒維耶不用望遠鏡，利用別人的觀測資料，也能精準算出天王星外新行星的位置，最後發現海王星。這就像貝多芬在完全聽不到的狀況下，還能創作交響曲一樣不可思議！

猜猜誰是天王星？誰是海王星？以前天文學家都認為海王星的藍色比天王星深，不過後來發現兩顆行星的顏色都是淺藍色。

哈囉，海王星！

如果懷疑天王星外還有另一顆未知的行星存在，為什麼不直接用望遠鏡在天空中搜尋呢？天王星已經距離我們非常遠了，天王星外的行星更遠，很容易就會把這顆未知的行星誤認為是一顆恆星。而且要在廣闊的天空中，找一顆未知的行星就像是大海撈針一樣。

弗朗索瓦·阿拉戈（François Arago, 1786-1853）在布瓦爾卸任後，成為下一任（1843-1853）的巴黎天文台台長。阿拉戈意識到這顆未知行星的重要性，所以在1845年指派奧本·勒維耶（Urbain Le Verrier, 1811-1877）研究天王星軌道偏差的問題。勒維耶沒有讓人失望，1年後就把未知行星的位置算出來，當時巴黎天文台並沒有適合的觀測儀器，勒維耶請德國柏林天文台的約翰·格弗里恩·伽勒（Johann Gottfried Galle, 1812-1910）協助尋找。

伽勒在1846年9月23日的早上收到勒維耶的信，信中提到勒維耶計算未知行星在天空的位置，當天晚上伽勒在一位助理協助下，在勒維耶給的位置大約1度遠的地方，看見一個星圖上沒有的天體，接下來兩天這個天體在天空中移動了位置。當這天體被確認為行星後，根據勒維耶的建議命名為海王星。

從天王星的軌道偏差，去算出另一顆未知行星的位置是相當困難的，現代科學家可以用電腦的快速運算能力，慢慢修正逼近結果，但是，勒維耶只用筆跟紙就算出精確的位置！幾百年來，勒維耶一直是理論物理學家和天文學家的典範，光靠其他天文學家的觀測資料就能算出海王星的位置，讓世人見證他高超的運算能力和牛頓力學的成功！

57

其他的行星也有颱風假嗎？

地球上的熱帶氣旋是低氣壓風暴，它在不同的地方有不同名稱。西北太平洋地區（臺灣和東亞地區）稱為颱風（Typhoon）；大西洋和東北太平洋地區（美國和墨西哥）稱為颶風（Hurricane）；而南半球和印度洋稱為熱帶氣旋（Tropical cyclone），雖然名稱不同但指的是同一種風暴。

熱帶氣旋是地球上最巨大的風暴，通常出現在熱帶和亞熱帶。它在不同的地方有不同的稱呼，颱風、颶風和熱帶氣旋都是指低壓熱帶氣旋。

太陽系裡的其他行星，也像地球這樣有類似颱風的風暴嗎？它們的威力如何？有機會放颱風假嗎？

其他行星的風暴

火星上的沙塵暴有時會影響到整個火星，讓火星陷入漫天沙塵之中。火星的重力相當小，沙塵暴發生時，沙塵會長期飄在大氣中，加上空氣中沒有水，不會因為下雨把沙塵帶回地面，所以火星的全球沙塵暴可以持續一個月的時間。

太陽系裡最大的風暴在哪裡？木星是太陽系裡最大的行星，它的風暴更是驚人。木星大紅斑是太陽系中最大的風暴，整個大紅斑比地球還大，而且已經存在上百年的時間。

大紅斑位在木星南半球，是所謂的反氣旋風暴（高氣壓），這和低氣壓的颱風不一樣，大紅斑外圍的速度高達每小時 430 公里！

如果要比較風暴速度的話，海王星的大暗斑（Great Dark Spot）才是第一名，大暗斑的直徑和地球差不多，它外圍的速度高達每小時 2100 公里，也就是地球表面音速的 1.7 倍。大暗斑是航海家 2 號 1989 年飛掠海王星時發現的。它和大紅斑一樣是個反氣旋，大暗斑是太陽系裡速度最快的風暴！

南半球的大紅斑風暴已經持續肆虐上百年，請放假的民眾不要外出！

[h.3

太陽系的新成員：

矮行星

穀神星

火星

木星

土星

圖解矮行星

自古以來，人類就知道夜空中有幾顆會移動位置的「星星」，它們是水星、金星、火星、木星和土星，這類的天體稱為「行星」。隨著伽利略用望遠鏡仰望星空後，天文學家發現許多更小、更暗、肉眼看不見的天體。

這些天體中，除了天王星和海王星是較大的行星外，其他都是比較小的天體，其中最受矚目的應該是 1930 年發現的冥王星。冥王星原本被稱為太陽系裡的第九號行星，後來進一步的研究發現，冥王星跟行星有許多不同，所以有科學家主張應該把冥王星歸類為其他天體。

科學家在 1992 年後陸續在海王星外發現許多小天體，後來這些天體被稱為「海王星外

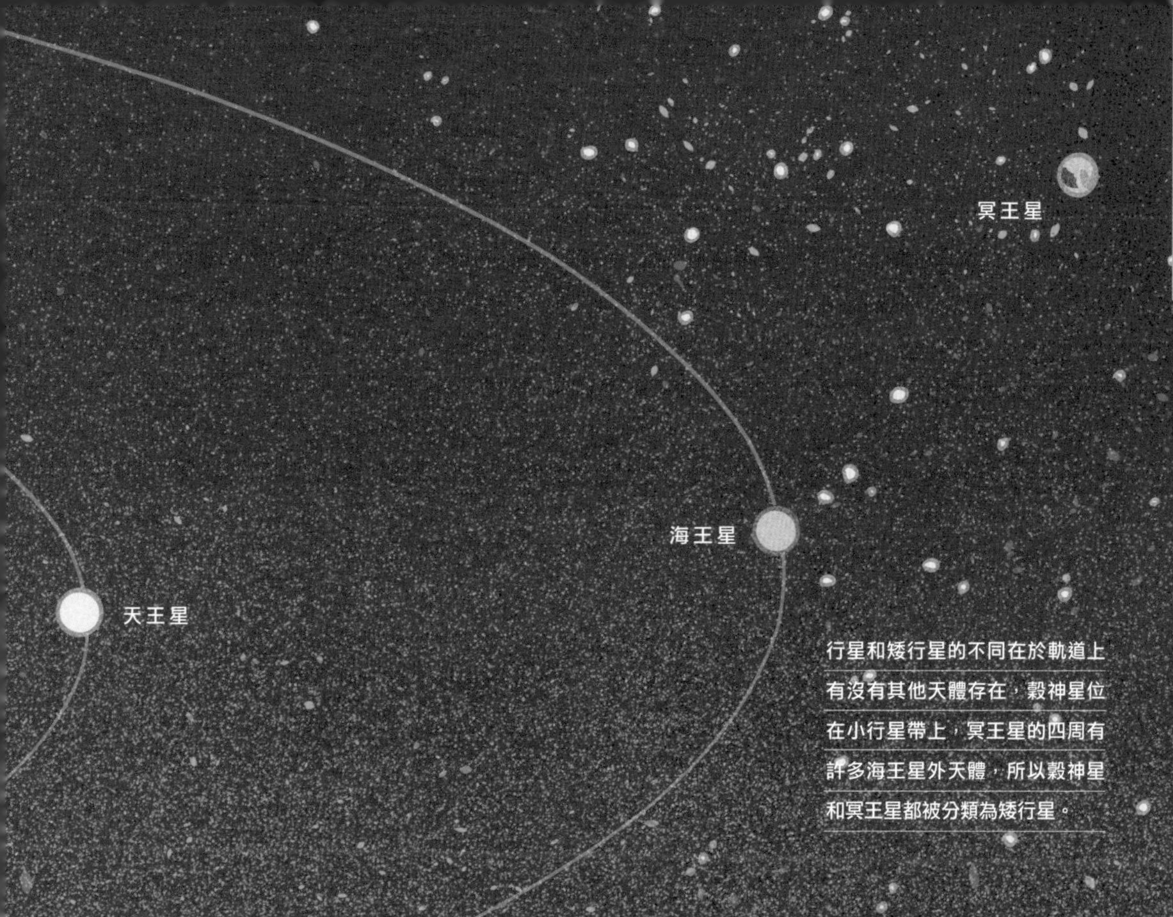

冥王星

海王星

天王星

行星和矮行星的不同在於軌道上
有沒有其他天體存在，穀神星位
在小行星帶上，冥王星的四周有
許多海王星外天體，所以穀神星
和冥王星都被分類為矮行星。

天體」（Trans Neptunian object, TNO），目
前已經發現數千顆這類天體。冥王星與太陽
的平均距離也在海王星軌道外，科學家認為
冥王星只是眾多海王星外天體中較大的一顆。

後來 2006 年在捷克布拉格舉行的國際天文
聯合會會議中，科學家對行星做了明確定
義，而冥王星不符合行星定義，冥王星被歸

類為新的天體：矮行星（dwarf planet）。

目前國際天文聯合會認定的矮行星有五
顆：冥王星、閱神星、妊神星、鳥神星
（Makemake）和穀神星（Ceres），另外還
有一些天體在矮行星的候選名單之中，科學
家相信，還有許多矮行星在海王星之外等著
被發現。

61

冥王星如何被發現？名字又是怎麼來的？

1846年發現太陽系中第八顆行星海王星後，科學家就試著要去找第九顆行星。波士頓的富豪帕西瓦爾·羅威爾非常喜歡天文，1890年代在亞利桑納的旗竿鎮建造了私人的羅威爾天文台，除了觀測火星外，也參與尋找第九顆行星。但直到1916年羅威爾去世為止，第九顆行星一直沒有被發現。

湯博（Clyde Tombaugh）在 1929 年時，受僱於羅威爾天文台，當時他只有 23 歲，主要的工作就是尋找第九顆行星。湯博使用的是一部 33 公分的望遠鏡，他在不同晚上拍攝天空中同一個區域的天體，然後把照片做比對，因為行星相對於天空星星的位置會緩慢移動，如果發現一個緩慢移動的天體，那麼它可能就是他們要找的第九顆行星！

1930 年 2 月 18 日，湯博比較 1 月 23 日和 1 月 29 日拍攝的照片，發現一個小亮點移動了位置。經過觀測確認這個天體確實在移動，3 月 13 日他們便把發現結果公諸於世。

這個重大的發現立刻成為世界各地的頭條新聞，羅威爾天文台於是公開徵求對這個天體命名，在許多的建議當中，最後選定 Pluto 冥王這個名字，因為這個字的開頭 PL 和羅威爾天文台的贊助人帕西瓦爾·羅威爾（Percival Lowell）姓名首個字母縮寫一樣。

你們用我的名字命名冥王星，有付費嗎？

模擬湯博拍攝的 1930 年 1 月 23 日照片，你
有看見冥王星在哪裡嗎？快速翻動這頁比對第
65 頁 1930 年 1 月 29 日的照片，可以看見一
個移動的小光點，那個小光點就是冥王星！也
就是圖中四個箭頭指的小亮點位置。

不孤單的冥王星

當冥王星的軌道被計算出來後，科學家就發現它和其他的行星相當不一樣。太陽系其他行星以接近圓形的軌道繞太陽運行，但是冥王星的軌道卻相當橢圓，離太陽最近和最遠的距離分別是 29.7 AU 和 49.3 AU（AU 是地球到太陽的平均距離），冥王星離太陽最近時，甚至比海王星還靠近太陽。另外，太陽系裡其他行星幾乎都在黃道面上繞太陽運行，但冥王星的軌道卻偏離黃道面達 17 度。

除了軌道不同，冥王星質量還比其他行星小很多，甚至連月球都比它大，月球的質量是冥王星的 5 倍！

什麼是行星？

冥王星到底是不是一顆行星？這個問題應該要回到最根本的定義，什麼是行星？

如果行星被清楚的定義，那麼就可以解決冥王星是不是行星的問題。國際天文聯合會邀集了專家學者討論這個問題，2006 年 8 月時公布了行星的定義：一‧行星必須繞太陽運行。二‧行星的質量要夠重，足以讓自己呈圓形。三‧行星能夠清除軌道附近上的其他天體。

冥王星雖然符合第一和第二項定義，但是卻不符合第三項條件，因為冥王星的軌道上有許多的海王星外天體。天文學家把不符合行星第三個條件的天體稱為矮行星，所以冥王星就被歸類為這種天體。

不要煩我，離我遠一點，少了你們，我就可以成為行星。

你不孤單

冥王星的特徵是右下方有一顆愛心

模擬湯博拍攝的 1930 年 1 月 29 日照片，比對
第 63 頁 1930 年 1 月 23 日照片，可以找到冥
王星（四個箭頭交會處的小亮點）！

引發爭議的鬩神星

2005 年 1 月 5 日，麥克·布朗（Mike Brown）和他的團隊在海王星的軌道之外發現一個天體，這顆後來稱為「鬩神星」的天體比冥王星重，但體積比冥王星稍小。為什麼這顆海王星外的天體會被稱為鬩神星呢？它跟冥王星有什麼關係？解釋這些問題前，先介紹關於鬩神的神話故事。

希臘神話中的鬩神

許多希臘神話故事的開頭都跟風流的宙斯有關，這次宙斯喜歡上的是海洋女神特提斯（Thetis），但是宙斯卻不敢碰特提斯，因為有預言說特提斯生下的小孩會比他的父親還厲害。宙斯害怕被篡位，所以只能看著美麗的特提斯流口水。

另一方面，宙斯也怕其他的神娶了特提斯，因為祂們生的小孩可能會比宙斯還厲害，所以宙斯希望特提斯能夠嫁給凡人。但是特提斯是一位美麗的女神，祂怎麼可能會答應下嫁給一位普通的凡人？宙斯東挑西選，最後

找到一位英雄佩琉斯（Peleus）。佩琉斯在經過許多波折後才追到特提斯，宙斯很高興事情圓滿結束。

特提斯和佩琉斯的婚禮邀請了奧林帕斯山的眾神，不知是有意還是無意，唯獨漏了邀請鬩神（Eris），鬩神是主紛爭與不和的女神，大概也沒有人會想要在歡樂的婚禮中看見祂。

不過鬩神不請自來，在婚禮上拋下一顆金蘋果就離開了，金蘋果上面寫著「給最美麗的女神」。為了得到最美麗女神的稱號，這顆金蘋果引起天后希拉、美麗女神阿芙蘿黛蒂和智慧女神雅典娜的爭執，讓原本幸福的婚禮蒙上了陰影，最後甚至引發了日後的特洛伊戰爭。

麥克·布朗拋出的金蘋果

冥王星在 1930 年被發現後，就被稱為太陽系裡的第九號行星，但是冥王星相當小，甚至比月球還小，加上一些跟其他八顆行星不

同的特性，讓有些天文學家不認同冥王星是
顆行星。

闘神星的發現，引發太陽系裡天體分
類的地震，造成冥王星從行星變成矮
行星，穀神星從小行星變成矮行星。

麥克‧布朗團隊發現的闘神星是第十號行星
嗎？還是應該把它和冥王星另外獨立
成新一類的天體？麥克‧布朗發現
的闘神星，就像是闘神拋出的金
蘋果，引起了天文界的爭議。

2006 年，國際天文聯合會將冥王星
和闘神星歸類為一種新天體：矮行星，
這場闘神引起的紛爭終於有了結果。麥
克‧布朗本來以為發現了第十顆行星，
但是因為闘神星的出現，最後太陽系行
星的數量，反而從九顆降為八顆，這可
能是他沒有預料到的結果！

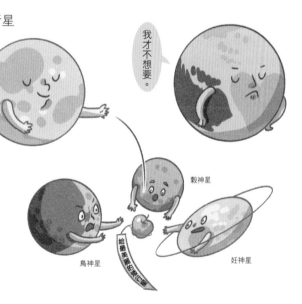

67

穀神星是行星、小行星還是矮行星？

19 世紀時，天文學家發現火星和木星之間相當空曠，可能存在一顆未發現的行星。弗朗茲·馮·札克（Franz Xaver von Zach）是一位匈牙利的天文學家，為了尋找這一顆未知行星，1800 年時他計畫組織一個擁有 24 位天文學家的團隊，把天空分成 24 個區域進行系統性的搜尋。

札克的夢幻團隊還沒組織完成，義大利天文學家朱塞普·皮亞齊（Giuseppe Piazzi）就在 1801 年 1 月 1 日發現一個相當暗的天體，以接近圓的軌道繞太陽運行，後來這個天體被稱為穀神星。天文學家很高興找到這顆「行星」，它填補了火星和木星間的空隙。

1882 年 3 月在穀神星軌道附近發現另一顆小天體：智神星。透過望遠鏡觀察，穀神星和智神星卻是星星般的小點，不像木星這類行星看起來是圓盤。

穀神星與智神星和行星似乎是不同的天體，

天文學家威廉·赫歇耳建議把這類天體稱為「小行星」（Asteroid）。

「升級」為矮行星

接下來又陸續發現一些較大的小行星，例如 1804 年婚神星、1807 年灶神星。小行星的數量愈發現愈多，目前預估可能達數百萬顆！它們主要分布在火星和木星之間，這個區域就稱為小行星帶。小行星的數量雖多，但是全部質量加起來卻只有月球的 4%。

要分到小行星、行星還是矮行星呢？

小行星帶內最早被發現的穀神星是其中最大的天體。2006 年，國際天文聯合會決定把冥王星歸為矮行星，這個決定把原本是小行星的穀神星，順帶變成矮行星的一員，也讓穀神星成為小行星帶上唯一一顆矮行星。

穀神星最早發現時，被認為是一顆行星，後來因為相當小，跟小行星帶上的其他天體一起統稱為小行星。近代為了對行星做嚴謹定義，又把穀神星重新分類為矮行星，從穀神星的分類可以看出，我們對太陽系的了解隨著時間愈來愈多。

還好有你們，我從小行星變成矮行星。

生物學家發現新物種時，第一件事就是分類。天文學家也是，發現新的天體也需要分類，可是天文上的分類有時並不容易，目前屬於矮行星的穀神星，就曾經被分類為行星和小行星。

繞著別人轉的 衛星

歐羅巴

埃歐

甘尼米德

卡利斯多

木星

衛星的定義很簡單，除了繞太陽運行的天體以外，其他繞著較大天體運行的都被稱為衛星，行星、矮行星甚至小行星都可能有自己的衛星。

夏戎

冥王星

艾達星

艾達星衛星

行星繞太陽運行，繞行星的天體則稱為衛星。地球的衛星是我們熟悉的月球，太陽系裡除了水星和金星沒有衛星，其他的行星至少都有一顆衛星。

月球是地球的衛星，也是我們最熟悉的夥伴，而月球以外，最早發現的衛星在哪裡？1609 年，伽利略透過望遠鏡，發現木星有四個小亮點繞著它運行，這是人類首次在其他行星發現衛星。不要小看這四顆小衛星，它們的出現改變了我們對宇宙的看法。當時的人都相信地球是宇宙的中心，天上的所有天體都繞著地球運行，不過伽利略發現的木星衛星卻繞著木星運行，這個發現挑戰了地球是宇宙中心的想法。不只行星，矮行星也

可能有衛星，矮行星冥王星已知的衛星有 5 顆，是目前已知的矮行星中，擁有最多衛星的。另外，一些小行星也有衛星！當伽利略太空船穿越小行星帶，意外發現小行星艾達星（Ida）有一顆小衛星。

衛星都很小嗎？太陽系裡最大的兩顆衛星甘尼米德和泰坦，都比最小的行星水星還大！泰坦甚至還有自己的大氣層。

衛星也可以有衛星嗎？目前還沒發現任何繞衛星運行的衛星，根據天文學家的計算，衛星的衛星軌道不穩定，所以衛星不太可能有衛星。

	火星	木星	土星	天王星	海王星
已知衛星數	2	95	146	28	16

喂，五花八門的你們到底是什麼星？

太陽系的各類天體中，如果要選一種最奇特的天體，大概非衛星莫屬，它們五花八門、各式各樣，非常奇特。

太陽系裡各顆行星的衛星數差異很大。水星和金星都沒有衛星，我們地球只有一顆月球，火星則有兩顆。木星、土星、天王星和海王星的衛星數相當多，土星已知的衛星有146 顆，是衛星數最多的行星；不過木星已知的衛星數也有 95 顆，未來可能發現更多。

繞行星運行的衛星可以分成兩類：規律衛星（regular satellite）和不規律衛星（irregular satellite）。

土星環、順行和逆行的衛星，看得我眼冒金星！

巨行星的衛星比類地行星多很多，有些巨行星的衛星是被擄獲的小行星，它們離巨行星比較遠，而且運行的方向跟巨行星自轉方向相反。

73

規律衛星比較靠近它們運行的行星，運行的方向跟行星自轉的方向一樣，它們應該和行星形成相關，地球的月球、木星的 4 顆伽利略衛星都是規律衛星。

不規律衛星離行星比較遠，最特別的是不規律衛星跟行星自轉方向相反，科學家認為不規律衛星原本只是小行星，因為靠近行星而被擄獲成為衛星。

月球是地球唯一的衛星，是夜晚最熟悉的天體，月球繞地球一圈的時間相當於一個月；不過衛星佛勃斯繞火星一圈只有短短的 7.7 小時，比火星的一天（24 小時 40 分）還短；另外，海王星的衛星妮索（Neso）繞海王星一圈的時間長達 26.67 地球年，是已知衛星中繞行星運行時間最長的一顆。

你曾經感染過人類，不過已經痊癒了，以後還是要小心點。

明月幾時有？把酒問……

自古以來，月亮就是詩人墨客的創作題材，他們在吟詩作對時，有沒有想過月亮是怎麼來的呢？有沒有注意到月球永遠都以同一面對著我們？

天文學家相信，月球大約是 45 億年前形成的，那時太陽系才形成不久，一顆火星般大的天體撞上地球，劇烈的撞擊讓物質飛濺到地球軌道，後來這些物質受到彼此重力吸引，聚集形成月球，這個理論稱為「撞擊說」。

月亮和硬幣一樣有正面和背面！
每一枚硬幣都有正面和反面，你知道嗎？從地球看月亮，月亮也有正面和背面！

月球是怎麼來的？科學家相信大約 45 億年前，一顆火星般大的天體撞擊地球後，飛濺在地球軌道的物質受重力聚集形成月球。

從地球上看見的永遠是月球正面。雖然月亮有圓缺變化，不過月亮一直用同一面面對地球，所以月球的背面從地球上是看不見的。如果想看見月球的背面，必須搭太空船繞到月球的背後，才能看見月球背面的樣子。

月球有兩種不同的地形：月海和月陸，月球正面將近三分之一是月海，背面的月海卻只占百分之二。月海並不是海洋，只是比較平坦的區域，月海顏色較暗沉，隕石坑比較少；月陸的區域比較崎嶇，比較多隕石坑，顏色比月海亮白。月球表面上的明暗兩種顏色，是因為組成的岩石不同，黑色的月海是玄武岩，白色的月陸則是斜長岩。

科學家一般相信，月海的形成是隕石撞擊月球後造成表面岩層破裂，月球地殼內岩漿流出，填滿表面低地，岩漿冷卻後便形成黑色平坦的月海。

明月幾時有？把酒問青天。

應該問我才對吧！

如果天空少了月亮？

如果天空少了月亮？文學家應該會很難過，音樂家也會少了創作的題材，沒有中秋節就少了月餅，也沒有烤肉。不過夜晚少了一個大光害，天文學家絕對會很高興！

潮汐變小、一天變短

地球上的潮起潮落，主要是月球繞地球運行造成的。太陽也會影響地球的潮汐，不過對地球的潮汐力只有月球的 46%。如果沒有月球的話，造成地球潮起潮落就只剩下太陽，滿潮和乾潮的幅度就會變小。

月球讓地球產生的潮汐，使地球愈轉愈慢。數十億年前，地球剛形成時，地球自轉的速度比現在快許多；因為月球的潮汐力，讓地球自轉的速度漸漸變慢，慢到現在的一天24 小時。如果沒有月球，地球的一天可能不到 10 小時。

左搖右晃的地球

月球就像是走鋼索的人握的平衡桿，讓地球自轉軸保持穩定，如果少了月球這個平衡桿，地球自轉軸左搖右晃的幅度就會變大。

目前地球自轉軸相對於公轉平面的傾斜角是23.4 度，因為月球的存在，這個傾角的變化幅度不大，大約在 22.1 度和 24.5 度之間。傾角讓太陽直射地球的位置在北回歸線和南回歸線間移動，讓地球出現四季變化。

如果沒有月球，地球的自轉軸變動的幅度就會變大，自轉軸的變動會對我們有什麼樣的影響？假設兩個極端的例子，地球的自轉軸傾角是 0 度和 90 度。

如果地球傾角是 0 度，太陽永遠直射赤道，地球上不會有北回和南回歸線，地球將不再有四季變化。

如果地球傾角是 90 度，太陽直射的區域會從北極到南極，也就是北回歸線位在北緯90 度（也就是北極點），而南回歸線在南

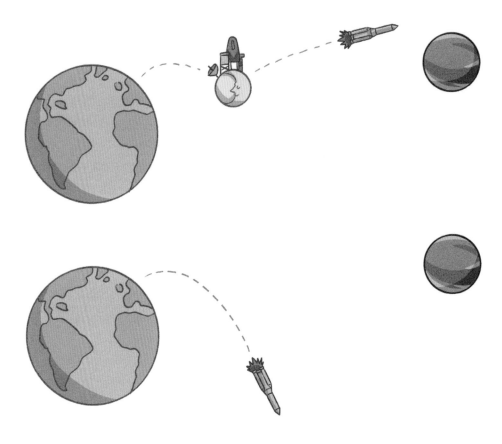

未來人類可能先在月球建立基地，作為人類前進火星的跳板，在月球上測試火星裝備和訓練太空人，準備完成後再前往火星。如果少了月球的整備演練，要一步登陸火星將會困難重重。

緯 90 度（南極點）。這種情況下，地球四季變化會非常劇烈，北半球夏天時，北極不會結冰，溫度比現在還高，南半球冰凍的區域比現在還大，這種極端氣候絕對不利現在地球上生物的生存。

月球替地球擋子彈

月球是地球的衛星，一直以來它都保護著我們的地球。用望遠鏡看月球，會發現月球上有許多坑洞，這些坑洞幾乎都是隕石撞擊後形成的隕石坑，表示月球在早期受到許多的撞擊。如果少了月球擋下這些隕石，這些隕石可能就會撞上地球。

隕石撞擊對地球的生命影響很大。6600 萬年前，一顆 10 公里左右的隕石撞擊地球，造成恐龍滅絕。恐龍滅絕後，哺乳類才能興起，人類才有機會出現在地球上。

那些沒有被月球擋下的隕石，如果撞上地球，可能會改變地球物種的演化，人類説不定就不會出現在地球！

最後，如果沒有月亮，阿姆斯壯和另外 11 名阿波羅太空人也就無法登陸月球。人類少了探索月球的寶貴經驗，要直接踏上其他行星表面（例如火星），難度會高許多，甚至變得不可能！

月亮穿過地球的影子，為什麼會變紅？

通常我們看見的月光是銀白色的，但月亮本身不發光，銀白色的月光是月球反射太陽光造成的。不過，非常特別的是，當月亮穿過地球影子，也就是發生月全食時，月亮會變成血紅色！

月全食發生時，地球位在太陽和月亮之間，太陽光會被地球遮住。地球遮住了太陽光，為什麼我們還是能看見月全食呢？

月全食發生時，太陽光透過地球的大氣折射照亮月球，不過大氣除了折射外，還會散射紫光、藍光、綠光、黃光，只讓紅光通過，所以月全食發生時，月亮看起來是紅色的。

如果地球沒有大氣，月全食發生的時候，月亮將完全看不見。不過太陽光受到地球大氣層折射，折射後的太陽光照在月球上，所以我們可以看見月全食的月亮。

為什麼月全食看起來是紅色的？因為大氣層將太陽光中的紫色、藍色、綠色等波長較短的光都散射掉，只剩下紅色的太陽光折射到月球表面。血紅色的月全食和紅色夕陽原理是一樣的，中午時的太陽看起來是白色的，當夕陽西下時，太陽穿過較厚的大氣，這造成太陽光散射較嚴重，所以夕陽看起來才會是紅色的。

你的月食是我的日食
地球上發生月全食時，如果月球上有太空人，太空人會看見什麼景象呢？

因為地球位在太陽和月球之間，所以地球會將太陽遮住，月球上的太空人將會看見日全食。前面提到太陽受到地球大氣折射和散射，會將紅光投射在月球表面，所以月球上即使發生日全食，月球上的太空人還是可以看見地球的大氣層發出紅光，就像是一圈紅色的環。

當我們在地球上看見月全食（左），月球上的太空人會看見什麼？月球上會看見地球把太陽完全遮住，不過地球大氣會折射和散射太陽光，月球上的人看見地球大氣呈現紅色的環（右），這是月球上看見的日全食景觀！

東風被孔明借走了，只好借月全食！

月全食是月球進入地球影子的自然現象，發生的時間可以事先準確預測。月全食發生時，月亮會變成血紅色，血紅色的月全食看起來相當詭異，不知所以的人會心生恐懼，以為將發生不好的事。

哥倫布差點變美洲新住民

哥倫布是第一位從歐洲航行到美洲的航海家，除了優秀的航海技術，天文知識也很重要。哥倫布一生中從歐洲航行到美洲四次，最後一次差點回不了歐洲！

1503 年 6 月 30 日，哥倫布抵達牙買加，牙買加的原住民一開始很歡迎歐洲來的客人，不過六個月後，哥倫布的水手跟原住民之間出現衝突，原住民不再提供食物給哥倫布一行人。少了食物和水的補給，哥倫布和他的水手可能會被困在牙買加，無法返回歐洲，一行人可能變成美洲的新住民。

哥倫布從天文日曆上知道，當地在 1504 年

2 月 29 日會發生月全食，所以他在月全食發生前就警告原住民，如果原住民再不提供食物，天上的神會生氣，把月亮變成紅色。

一開始半信半疑的原住民，看到天上的月亮變成血紅色後，嚇得趕緊請哥倫布轉告天

哥倫布利用月全食，讓牙買加的原住民提供返回歐洲所需的物資；有科學家相信，馬雅人在哥倫布到達美洲前，已經能夠預測日月食。

好不容易等到月全食，卻是壞天氣。

阿拉伯的勞倫斯曾經用月全食攻下一處土耳其人的軍事要塞。

神，他們會再提供食物。在哥倫布一陣裝神弄鬼的把戲後，血紅色的月亮就恢復原狀。哥倫布一行人就在月全食的神助攻下，解除返航危機。

勞倫斯也愛月全食

湯瑪斯·愛德華·勞倫斯（Thomas Edward Lawrence, 1888/8-1935/5）是第一次世界大戰裡英國的軍官，他被稱為阿拉伯的勞倫斯。他曾經領導阿拉伯人，對抗當時佔領阿拉伯的土耳其人。

1917 年 7 月 4 日晚上，勞倫斯要攻打土耳其人的一處高聳要塞。當天晚上是滿月，這對進攻者極為不利，因為他們會暴露在月光下，讓土耳其守軍清楚看見他們。不過勞倫斯知道當天晚上即將發生月食，反而利用月亮變暗的時機發動攻擊。土耳其守軍看到月亮變血紅色時非常驚慌，迷信的土耳其人用步槍對著天空發射子彈，敲打鍋子，要解救變紅、變暗的月亮。勞倫斯等人趁著土耳其人慌亂時爬上要塞，一舉攻下這個易守難攻的軍事基地。

勞倫斯以極少的人力，利用難得的天時克服敵軍的地利，戲劇化的以寡擊眾，讓他成為第一次世界大戰中的傳奇人物。

知識到底是不是力量？哥倫布和勞倫斯應該最清楚！

火星上空的馬鈴薯

我們的地球有一顆天然衛星，也是唯一的一顆：月球。太陽系中的其他行星也有衛星嗎？最靠近太陽的兩顆行星——水星和金星都沒有衛星。

火星有兩顆衛星：佛勃斯（Phobos）和戴摩斯（Deimos）。這兩個衛星的名字是來自於戰神阿瑞斯（Ares）的雙胞胎兒子。這對雙胞胎兄弟在戰場上追隨著他們的父親，佛勃斯和戴摩斯是古希臘文中恐懼和恐慌的意思，這也表示無情的戰爭總是伴隨著恐懼和恐慌。

戴摩斯的重力很小，只有地球的萬分之三，如果在戴摩斯上跑超過每秒 5.6 公尺就會飛出這顆衛星回不來。

GOAL

佛勃斯和戴摩斯都是相當小的衛星，而且形狀不規則，樣子有點像是馬鈴薯，佛勃斯比較靠近火星，它的寬度只有二十幾公里，大小跟台北市差不多；戴摩斯則更小，只有十幾公里寬，相當於基隆市的大小。

佛勃斯位在火星表面上方 6000 公里處繞火星運行，這樣的高度相當於地球的半徑，它是太陽系的衛星中，最靠近行星表面的衛星。佛勃斯會一直漂浮在天上嗎？恐怕不會，佛勃斯以每年大約 2 公分的速度慢慢靠近火星，幾千萬年後，它可能會被火星的重力撕裂，裂解後的佛勃斯會在火星的周圍形成一個環，就像土星環那樣！

電影《絕地救援》中，受困火星、吃了數百天馬鈴薯的太空人，看到火星的衛星佛勃斯和戴摩斯，可能會想大喊：「我不想再看到馬鈴薯了！」

我不想再看到馬鈴薯了！

SOS

85

環繞木星的愛人們

1609 年，伽利略用自製望遠鏡看木星，發現有四個小天體繞著木星運行，這四個小天體就像月球繞著地球，它們是木星的衛星，這四顆衛星後來就被稱為伽利略衛星。

以愛人為名

木星的英文是 Jupiter，也就是朱比特，朱比特是羅馬神話中的眾神之王，相當於希臘神話中的宙斯（Zeus）。伽利略發現的四顆衛星，後來就以宙斯的愛人為名，這四顆衛星距離木星由近而遠分別是埃歐（Io）、歐羅巴（Europa）、甘尼米德（Ganymede）和卡利斯多（Callisto）。這四顆衛星都相當巨大，也各具特色。

為什麼你不是用神話的名字命名？

我是天王，想怎樣就怎樣。

太陽系裡行星衛星的命名幾乎都跟羅馬神話中的故事相關，唯一例外的是天王星，天王星的衛星是以莎士比亞戲劇或波普《秀髮劫》中的人物命名的。

衛星的命名	火星	木星	土星	天王星	海王星
	神話中戰神的兒子	宙斯的愛人或小孩	神話中的巨人	莎士比亞戲劇或波普《秀髮劫》中的人物	海神身邊的人物

伽利略衛星中，埃歐最靠近木星，它受到木星和外側伽利略衛星的重力拉扯（潮汐力），持續拉扯讓埃歐的內部岩石受熱形成熔岩，熔岩噴發後，在埃歐表面形成超過四百座的火山，埃歐是太陽系裡火山活動最活躍的天體。

歐羅巴是太陽系中表面最平滑的天體，它的表面可能是一層冰，冰底下有一層海洋，科學家認為海洋中可能有生命存在，所以歐羅巴是地球以外，太陽系裡最有機會找到生命的地點之一！

甘尼米德是太陽系裡最大的衛星，它甚至比水星還大！卡利斯多表面布滿密密麻麻的隕石坑，是太陽系裡隕石坑最多的天體之一。

目前木星已知的衛星有八十顆，幾乎都是以宙斯的情人或小孩命名。木星可能還有許多較小的衛星沒被發現，根據科學家的估計，木星的衛星總數可能超過六百多顆！

你到底有多少愛人和小孩？

我也不清楚，目前已知的有八十個，天文學家說可能超過六百個！

冥王星與夏戎的雙人舞

月球都以同一面對著地球，不過它並不是唯一，太陽系中許多的衛星都和月球一樣，以同一面面向它們的行星，這些都是潮汐效應作用的結果。例如火星的兩顆衛星、木星的四顆伽利略衛星、土星的最大衛星泰坦，它們都是以同一面面向它們的行星。

冥王星最大衛星夏戎（Charon）也是以同一面面向冥王星，不過最特別的是，冥王星本身也以同一面面向夏戎！冥王星和夏戎就像一對跳圓舞曲的舞者，彼此面對面，在太陽系裡跳著輕快的舞曲。當然，它們並不是一開始就這樣的，而是經過長期潮汐作用下的結果——造成冥王星自轉一圈、夏戎自轉一圈和夏戎繞冥王星公轉一圈的時間都是一樣的。

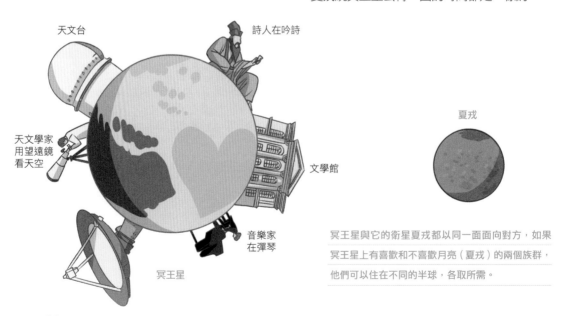

天文台

詩人在吟詩

天文學家
用望遠鏡
看天空

文學館

音樂家
在彈琴

冥王星

夏戎

冥王星與它的衛星夏戎都以同一面面向對方，如果冥王星上有喜歡和不喜歡月亮（夏戎）的兩個族群，他們可以住在不同的半球，各取所需。

當冥王星和夏戎剛形成時，它們的自轉速度都比現在快，而且是各轉各的，在潮汐作用下，冥王星和夏戎的自轉速度都漸漸變慢。首先，夏戎的自轉速度慢到和夏戎繞冥王星公轉一圈的時間一致，也就是夏戎先以同一面面向冥王星；這時冥王星自轉一圈的時間還是比夏戎公轉一圈的時間快一些，這就像現在月球繞地球的情形一樣；漸漸的，冥王星也慢了下來，最後連冥王星也以同一面面向夏戎。冥王星和夏戎的自轉週期與夏戎繞冥王星的公轉週期都同步了！也就是冥王星自轉一圈是 153.4 小時，夏戎自轉一圈也一樣長，而且夏戎繞冥王星公轉一圈同樣是 153.4 小時！

冥王星以同一面面向夏戎，所以在冥王星上背對夏戎的那一面，是永遠看不到夏戎的！這就像是兩個人面對面在跳圓舞曲時，看不到對方的後腦勺。冥王星上不會看見夏戎從地平線升起或落下，夏戎差不多就位在冥王星天空的同一個地方，就像是地球的同步衛星一樣。

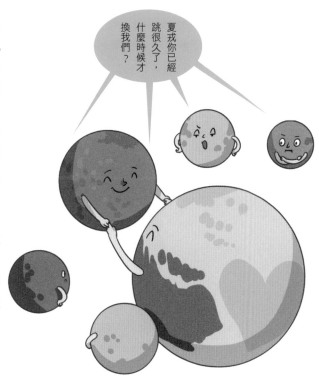

衛星上也可以有生命嗎？

火星是地球以外最可能有生命存在的行星，但太陽系裡有生命的地方不只局限在行星，繞行星運行的衛星也可能有生命存在。生命存在需要組成生命的化學物質，不過生命存在並不表示生命能夠生存。根據目前我們對地球生命的了解，生命還需要另外兩個要素：水和能量。

一定要有水嗎？

生物體內的水是重要溶劑，水可以擔任運輸和代謝的角色，人在沒有水的情況下，只能存活幾天，地球上的其他生物也都需要水。

木星的衛星歐羅巴和土星的衛星恩賽勒達斯

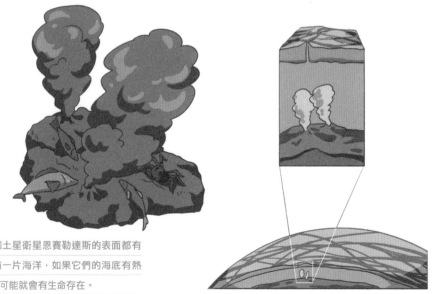

木星衛星歐羅巴和土星衛星恩賽勒達斯的表面都有一層冰，冰層下有一片海洋，如果它們的海底有熱泉提供能量，那裡可能就會有生命存在。

（Enceladus）的表面都覆蓋一層冰，這兩顆衛星的冰層底下有大量的液態水，就像冰層下的海洋。科學家認為這兩顆衛星的海洋中可能有生命存在。

土星的最大衛星泰坦，是太陽系中唯一一顆有濃厚大氣的衛星，表面上的大氣壓力是地球的 1.5 倍，大氣中絕大部分是氮（97%）和甲烷（3%）。泰坦的表面有湖泊或海洋，跟地球不同的是，泰坦的湖泊或海洋是由甲烷和乙烷組成，也就是天然氣瓦斯的主要成分。泰坦上的甲烷和乙烷會不會取代地球上水的關鍵角色呢？如果泰坦上有生命存在，生命的型態可能會跟地球有很大的不同。

沒有陽光可以嗎？

除了水以外，能量也一樣重要，就像人除了喝水還要吃飯。

地球上生物的能量幾乎都來自太陽，不過有少數的例外。海底熱泉（hydrothermal vent）位在陽光照不到的深海底，它就像溫泉噴發出熱泉和化學物質，一些特別的細菌就靠這些噴出的物質獲得能量，附近的管蟲和螃蟹再以這些細菌為食物，管蟲和螃蟹則滋養更高等的魚類，整個迷你的生態系統並沒有從太陽獲得能量。歐羅巴和恩賽勒達斯的海洋底下，是不是也住著這樣一群生物呢？

期待在歐羅巴和恩賽勒達斯的海洋中找到魚類嗎？科學家的期望沒有這麼大，如果能在那裡找到微生物，那就是超級世紀大發現了！

91

Ch.5
太陽系裡的小傢伙：
彗星、
小行星
和隕石

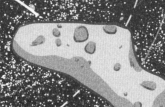

愛神星

木星

土星

特洛伊小行星

圖解太陽系小天體

太陽、行星和矮行星都是圓形的，不過圓形在太陽系裡並不是主流，絕大多數天體的形狀都是不規則的——它們是數量非常多的小行星和彗星，統稱為太陽系小天體（Small Solar System Body）。

小行星的分布很廣，天文學家根據小行星的軌道位置，做出粗略的分類。近地小行星的軌道會穿越地球，它們有撞上地球的潛在危險；小行星帶小行星位在火星和木星軌道之間，數量非常多；兩群木星特洛伊小行星（Trojan）分布在木星軌道的前方和後方，隨著木星繞太陽公轉；海王星外天體則分布在海王星軌道外。

這些數量眾多的天體雖然很小，卻也主宰其

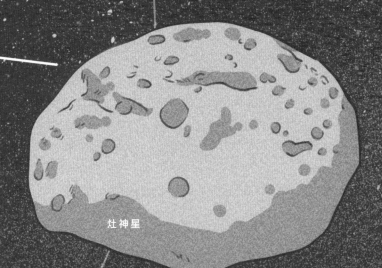

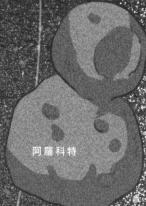

海王星軌道

阿羅科特

灶神星

> 扣除繞行星和矮行星的衛星，太陽系裡所有非圓形的天
> 體都稱為太陽系小天體，它們的分布相當廣，主要分布
> 的區域有火星與木星之間的小行星帶、木星軌道上的特
> 洛伊小行星以及海王星軌道外的海王星外天體。

他天體的命運。根據目前科學家對行星和矮行星的定義，這兩種天體的差別在矮行星的軌道上有其他小天體存在，行星則沒有。穀神星和冥王星因為軌道附近有其他小天體存在，才被分類為矮行星。

反應快的人可能發現一個矛盾，地球的軌道上常有近地小行星穿過，木星的軌道上有特洛伊小行星，表示它們都沒有把軌道上的天體清除乾淨，地球和木星是不是也不符合行星的定義呢？

科學家也發現這個問題，表示我們對行星的定義並不周延，未來行星的定義有可能再修正，冥王星和穀神星會不會再回到行星的行列呢？這個問題就交給天文學家傷腦筋吧！

太空船穿越小行星帶時，會撞上小行星嗎？

太陽系裡的小行星大部分散布在火星和木星之間，這些小行星大多數是由岩石組成。原本這些小行星會受到彼此重力吸引而聚集成一顆行星，但是受到木星重力的干擾，無法聚集在一起，它們的分布呈環狀，介於火星與木星之間，這個區域稱為小行星帶。

小行星帶上最大的天體是穀神星，根據國際天文聯合會的定義，穀神星是一顆矮行星，不是小行星，小行星的形狀不是圓形，小行星帶上第二大的天體是灶神星，它是最大的小行星。小行星帶上的小行星可能有數百萬顆，數量雖然很多，但是全部的質量加起來大約只有月球的 4 ％。

太空船穿越小行星很困難嗎？

電影或科幻小說中，常常描述小行星帶上的小行星非常密集，太空船通過小行星帶時，

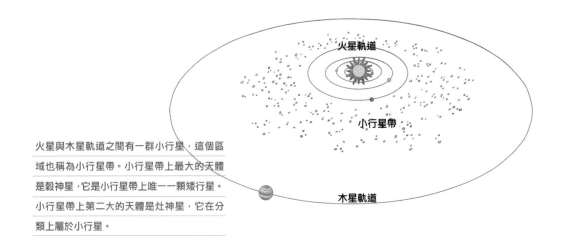

火星與木星軌道之間有一群小行星，這個區域也稱為小行星帶。小行星帶上最大的天體是穀神星，它是小行星帶上唯一一顆矮行星。小行星帶上第二大的天體是灶神星，它在分類上屬於小行星。

需要左閃右躲，才能避免撞上小行星。

不過事實上卻非如此，小行星之間非常空曠，它們的平均距離是 1 百萬公里，也就是月球與地球距離的 2.6 倍，太空船可以暢行無阻的通過，一點都不需要擔心。

實際上已經有許多的太空船安全通過小行星帶，例如航海家 1、2 號、新視野號、朱諾號等，不用太擔心太空船會撞上小行星。

小行星帶上小行星之間相距非常遠，太空船可以安全通過，不會受到小行星撞擊。

長髮飄逸的彗星

2006 年，國際天文聯合會除了定義行星和矮行星外，還定義了第三種天體：太陽系小天體（Small Solar System Body）。太陽系小天體的範圍包山包海，扣除行星、矮行星和衛星，其他都屬於太陽系小天體。從太陽系小天體的外型來看，除了小行星外，另外一類就是彗星。

彗星距離太陽遙遠時，只顯現彗核，彗核的直徑一般都在十公里以下，直徑很小，反射的太陽光有限，這時的彗星很難被看見。彗核是彗星的本體，彗核主要組成物質是冰、塵埃、石塊和一些易揮發的物質。

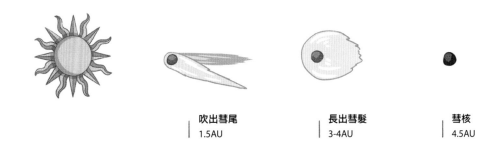

| 吹出彗尾 | 長出彗髮 | 彗核 |
| 1.5AU | 3-4AU | 4.5AU |

彗星遠離太陽時，只能顯現出彗核；接近太陽後，受到太陽的熱輻射，長出彗髮；更靠近太陽時，太陽風的輻射就會讓彗星長出彗尾，變成我們熟悉的彗星樣子。

當彗星靠近太陽，太陽的熱讓彗核上的物質揮發形成彗髮。彗髮大約是彗核的數千倍到數十萬倍，有些彗星的彗髮直徑甚至比太陽還大！體積龐大的彗髮主要是由水和塵埃組成，變大後的彗星可以反射大量的太陽光，讓我們可以看見彗星。

彗星逐漸靠近太陽，太陽風和太陽輻射的作用漸漸變強，把原本巨大的彗髮梳理成細細長長的彗尾。彗星尾巴的形成是受到太陽的作用，所以彗尾的方向一直背向太陽。

你水腫得很厲害喔！

哈雷與彗星

人類在面對大自然中未知的現象時，通常會感到害怕。古代人最害怕的天象，除了日食與月食外，可能就是彗星。彗星拖著長長的尾巴出現在天空，不知所以的人，認為這是上天要懲罰人類的徵兆。

最早對彗星提出科學解釋的是亞里斯多德，他認為彗星是大氣層內的現象。後來第谷仔細量測一顆 1577 年的彗星後，他認為彗星比月球更遙遠。

以哈雷為名

如果在現代出現明亮彗星，這顆彗星就會成為眾人追逐的對象。使彗星從讓人害怕轉變到熱愛的關鍵人物是愛德蒙·哈雷（Edmond Halley, 1656-1742），人類史上最有名的哈雷彗星，就是以他的名字命名的。

哈雷是英國天文學家，1682 年，26 歲的哈雷看過哈雷彗星。後來哈雷發現這顆 1682 年出現的彗星，跟 1531 年和 1607 年出現的彗星軌道很相似，他認為這幾顆彗星是同一顆，而且有 76 年的週期，哈雷還預測這顆彗星會在 1758 年再次出現。1758 年的聖誕節，哈雷彗星再次出現，可惜的是哈雷本人並沒有看見它的回歸，哈雷已經在 1742 年過世，不過他留給我們最棒的聖誕節禮物！

下次哈雷彗星回歸的時間是 2061 年，你是不是也想一睹它迷人的風采呢？

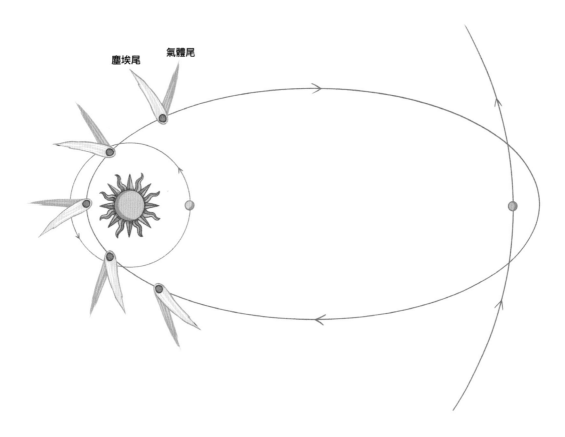

塵埃尾　氣體尾

哈雷彗星的運行軌道為長橢圓，最遠到海王星軌道外，最近則到金星軌道內，哈雷彗星的運行軌道方向跟行星相反。彗星通常有塵埃尾和氣體尾，氣體尾受到太陽風的作用，永遠都指向太陽的反方向。

流星雨：浪漫的相遇

流星是沙粒大小的物質衝進地球大氣時，燃燒後留下一閃而過的光跡。天氣好的晚上，都有機會看見流星畫過星空。

流星雨是流星多到像下雨嗎？不完全正確，歷史上確實有記載流星多到像下雨，不過這樣的流星雨非常罕見。流星雨有一個特性，它們的流星都是從一個點往外輻射，這個點稱為輻射點。天文學家會以輻射點的位置替流星雨命名，例如英仙座流星雨的流星都是從英仙座頭頂附近的一個點輻射出來。

有共同輻射點的流星就叫流星雨，哪怕是一小時只有幾顆的毛毛雨。每個月都有流星雨，不過最壯觀的流星雨是每年 1 月初的象限儀座流星雨、每年 8 月中旬的英仙座流星雨和每年 12 月中旬的雙子座流星雨，這三個流星雨在天氣狀況好時，每小時最多可以看見大約一百顆流星。

大部分的流星雨都跟彗星（少數跟小行星）

有關。彗星受到太陽光加熱會形成長長的彗尾，彗尾上的物質會跟著彗星軌道運行，如果地球運行的路徑正好通過彗星軌道，這些物質就會衝進地球大氣，形成流星雨。

這些微小顆粒在還沒衝入大氣變成流星前稱為流星體，它們差不多都以同一方向和角度衝進地球大氣，也就是它們在太空中移動的軌跡互相平行。為什麼在天空中平行的軌

跡，衝入大氣層後，會形成由輻射點發出的
流星？這是因為「透視」的關係。

想像站在平交道上，你會看見平行的鐵軌和
平行的電纜線，這些彼此平行的鐵軌和電纜
線似乎交會在遠方的一個點，這就是透視。
原本互相平行的流星軌跡，因為透視讓流星
看起來像從輻射點發射出來。

流星雨的特性是流星都從同
一個點往外輻射出來，這個
點稱為輻射點。原本彼此平
行移動的流星體，形成流星
後因為透視的關係，流星雨
看起來就像來自於輻射點。

天上掉下來的禮物

很多人都看過流星，流星如果夠大顆而且在大氣層中沒燒完，掉到地面上的就稱為「隕石」。

根據組成，隕石可以分為三類：石隕石、鐵隕石（或稱為隕鐵）和鐵石隕石。石隕石主要由岩石組成，鐵隕石是由金屬鐵和鎳，鐵石隕石則由金屬和岩石混合而成。

隕石怎麼找？

地球上發現的隕石絕大多數是石隕石，石隕石除了外表比較黑，它們跟一般的石頭看起來沒有太大的不同。那麼，科學家要怎麼尋找隕石呢？

隕石會掉到世界上任何角落，不過有些地方卻比較容易找到隕石。尋找隕石最重要的是地點，要到沒有石頭的地方找隕石——如果在沒有石頭的地方找到石頭，這顆石頭很可能就是天上掉下來的。地球上哪些地方沒有石頭呢？

沙漠和冰原上應該不會有石頭，如果在那裡發現石頭，這顆石頭很可能就是從天上掉下來的隕石，絕大部分的隕石都是從沙漠和冰原發現的。

大部分的隕石原本是太陽系裡的石塊，不過

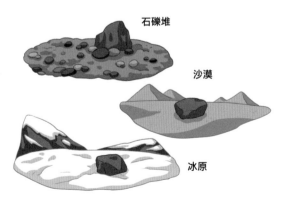

石礫堆

沙漠

冰原

下列哪個地方撿到的石頭比較可能是隕石？石礫堆、沙漠或冰原？答案是沙漠和冰原，因為這兩個地方理論上沒有石頭，如果發現石頭，它們很可能是從天上掉下來的隕石。

有一些隕石特別珍貴，科學家根據一些隕石的組成，確認它們是從火星和月球來的！為什麼火星和月球的石頭會掉到地球上呢？

科學家認為早期的火星和月球受到劇烈撞擊，撞擊後有些岩石噴飛到太空中，如果這些火星和月球的岩石碰巧掉到地球，這些隕石就成了非常珍貴的樣本。尤其是火星隕石，因為人類的太空船還沒有從火星帶回任何一個樣本。

圖坦塔門的匕首

隕石也為人類文明帶來貢獻，考古學家在公元前 14 世紀的埃及法老王圖坦卡門（Tutankhamun）墓中發現一把鐵製匕首，這把匕首有黃金製的把手和刀鞘，就放在法老王木乃伊右大腿邊，可見圖坦卡門對它的喜愛。當時的埃及還在銅器時代，為什麼法老墓中有一把鐵製匕首呢？此時沒有冶煉鐵礦的技術，匕首的鐵又是從哪裡來的？

科學家對這把匕首做分析研究，發現匕首中的鎳含量高達 11%，地球上鐵礦中的鎳含量最高只有 4%。這把匕首的原料很可能來自鐵隕石，鐵隕石中鎳占 5% 以上，甚至高達 65%，所以科學家推測，匕首的原料相當可能來自外太空！

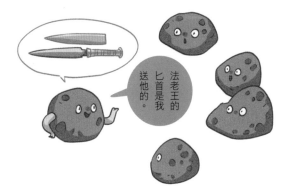

隕石傷人事件簿

天上掉下來的真的都是禮物嗎？其實也不全然都是，如果被隕石砸到可能會讓人受傷！雖然這個機率比被閃電打中小很多……

1954 年 11 月 30 日，美國阿拉巴馬州夕拉科加小鎮的午後，安·伊莉莎白·霍奇斯（Ann Elizabeth Fowler Hodges）正在沙發上睡午覺，一顆天外飛來的隕石穿透屋頂，撞

上一部收音機後反彈撞到她，造成她左側腹部嚴重瘀青，這個隕石傷人事件馬上受到各地關注，據説當時有人出高價想買這顆天外飛來的石頭。

這顆 3.9 公斤的隕石被當地警長沒收，轉交給美國空軍，確認是隕石後又還給霍奇斯夫婦。不過這顆隕石的歸屬出現爭議，因為霍

地球上每天都有許多隕石掉落，這些掉落的隕石會不會砸到人呢？根據統計研究，被隕石砸到的機率比中樂透、被閃電打到還低。

奇斯夫婦只是這間房子的房客，房東認為隕石掉到他家，所以隕石應該是房東的。

雙方告上法庭，雖然在法律上隕石應該屬於房東，不過與論卻認為應該是霍奇斯的，畢竟隕石砸傷了她。一年後，雙方和解，霍奇斯以 500 美金向房東買下這顆隕石。

霍奇斯正式擁有這顆隕石後，希望可以賣得好價錢，可是這時新聞熱潮已過，沒有人想買這顆隕石。這顆乏人問津的隕石，在1956 年捐給阿拉巴馬州自然史博物館。

霍奇斯除了聲名大噪，好像沒有從這顆隕石獲得好處。但是這顆隕石的另一塊碎片掉到附近的農場，幸運的農場主人很快就把這1.7 公斤的隕石碎片賣掉，天上掉下的財富讓他買了一棟房子和一輛車子！

隕石有什麼價值呢？用來收藏（如集郵）？用來炫耀（如鑽石）？可以增值（如名畫）？還是拿來研究？

收藏隕石？

拿來炫耀？

都被你們買走了，我們怎麼做研究？

等待增值？

隕石撞地球，從來沒有停止過！

地球每天都受到大大小小的隕石撞擊，小的就像砂粒般大，在大氣層形成流星；更大一點的隕石則會穿透大氣掉到地面；再更大一些的，可能就會造成災害！

近代史上最著名的隕石撞擊事件有兩件：通古斯和車里雅賓斯克事件。

通古斯事件

1908 年 6 月 30 日早上 7 點，蘇聯西伯利亞的通古斯（Tunguska）河附近發生劇烈的爆炸，數百公里外的窗戶玻璃都被震破，幸好爆炸的區域人煙稀少，沒有造成巨大的傷亡。發生爆炸之後，第一次世界大戰（1914 年到 1918 年）爆發，加上爆炸位置相當偏遠，所以一直沒有科學家前往調查。

通古斯事件中，隕石或彗星在空中爆炸，爆炸原點附近的樹指向震波，沒有倒下，不過樹枝全剝落，爆炸原點外的樹都傾倒，而且傾倒的方向都背向爆炸原點。

1927 年，也就是通古斯事件發生 19 年後，探勘隊抵達爆炸地點。19 年前爆炸的痕跡還歷歷在目，相當於新北市面積的樹幾乎全被夷平，而且同區域的樹傾倒方向都一樣。

如果將樹倒的方向畫在地圖上，會發現呈現輻射狀，而且樹倒下的方向都背向輻射的原點，就像是在輻射原點有股外力把這些樹全都推倒。特別的是，輻射點附近的樹並沒有倒下，不過樹上的樹枝全被剝落，讓它們像是一支支電線桿直直站立著。

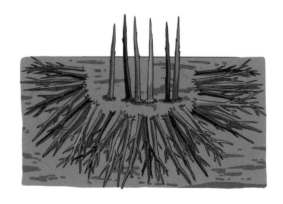

車里雅賓斯克隕石紀錄

探勘隊推測是隕石產生的爆炸造成這種結果，不過他們在當地並沒有發現任何的隕石或隕石坑。

目前比較讓科學家接受的說法是一顆隕石或彗星進入地球大氣後在高空爆炸，爆炸的震波把周圍的樹都震倒，也讓倒下的樹排列成輻射狀。爆炸輻射點的樹因為指向爆炸點、迎向震波，所以沒有倒下，不過樹枝還是被震落。

隕石或彗星因為在高空爆炸解體，沒有撞擊地面，才沒有形成隕石坑。科學家認為這樣等級的事件，大約 300 年會發生一次。

車里雅賓斯克隕石事件

2013 年 2 月 15 日早上 9 點多，一顆直徑約 20 公尺的隕石墜落在俄羅斯的車里雅賓斯克（Chelyabinsk），當地監視器和車輛行車記錄器記錄到隕石墜落的影像。它在空中留下一條長長的煙痕，最後掉到切巴爾庫爾湖，湖底撈起最大的隕石碎片有 540 公斤。

隕石產生的震波造成七千多棟建築玻璃破裂，一千四百多人受傷，所幸無人死亡。這是通古斯事件後最重大的隕石撞擊事件。

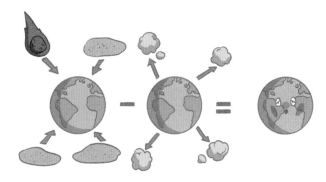

隕石造成地球質量增加，大氣裡的氣體流失到太空造成地球質量減少，地球每年總共損失 5.5 萬公噸。

隕石坑還是火山口？

巴林傑隕石坑（Barringer Crater）位在美國亞利桑那州，直徑 1.2 公里，大約 170 公尺深。它被發現後產生了一個疑問：這是一個隕石坑或是一個火山口？這兩種地形的外觀相當類似，要如何辨別它們呢？

科學家在巴林傑隕石坑發現一種特別的石英：撞擊石英（shocked quartz）。只有受到巨大撞擊才會形成撞擊石英，例如核彈試爆場；而隕石坑是另一個曾經發生劇烈撞擊的地方，隕石撞擊的過程也會形成撞擊石英；火山爆發的過程雖然猛烈，卻不會形成撞擊石英。撞擊石英的發現，證明了巴林傑是個隕石坑。

黃金城不稀奇，鑽石鎮才厲害

一座用鑽石打造的城鎮值多少？德國南方有

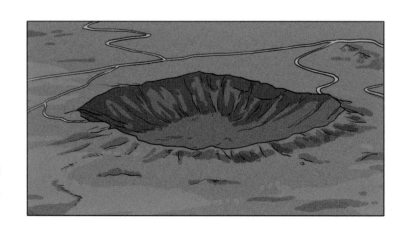

巴林傑是一個保存良好的隕石坑，也是第一個被證明是受到隕石撞擊後形成的坑洞。

座城鎮諾德林根（Nördlingen），城鎮中房子的石材裡有無數的鑽石！這些鑽石從哪裡來的呢？

大約 1500 萬年前，一顆隕石撞擊地球，形成里斯隕石坑（Ries Crater），撞擊的過程把附近的石墨（碳）轉變成鑽石，後來當地人用富含鑽石的石材建立諾德林根，形成罕見的鑽石鎮。

科學家估計，里斯隕石坑裡的鑽石總重約 72000 公噸，可惜的是它們都很小，最大只有 0.2 公釐，沒有商業價值。早期的人認為里斯隕石坑是個古老火山口留下的淺坑，科學家在當地發現撞擊石英後，才證實這是一個隕石坑。

對科學家來說，這些石英比鑽石還要閃亮、有價值吧！

他沒看見腳邊的鑽石嗎？

這裡有撞擊石英，這是一個隕石坑！

恐龍只是運氣不好

1970 年代末期，科學家在墨西哥的猶加敦半島上，發現一個巨大的隕石坑（希克蘇魯伯隕石坑），它的直徑約 180 公里，相當於台北到雲林的距離，是地球上最大的隕石坑之一。

這個隕石坑大約是 6 千 6 百萬年前形成的，形成的地質年代是白堊紀和古近紀的交界處，這個交界處有一層白色黏土層。特別的是，白色黏土層中銥元素的含量相當高，但是銥在地球地殼中含量非常稀少。

哺乳動物出頭天

6 千 6 百萬年前，地球原本是個由恐龍主宰的世界，一顆 10 到 80 公里大小的彗星或小行星撞上地球，形成希克蘇魯伯隕石坑。一

位在墨西哥猶加敦半島上的希克蘇魯伯隕石坑，是 6 千 6 百萬年前的撞擊造成的，那次的撞擊造成恐龍滅絕。

希克蘇魯伯隕石坑

般小行星中銥元素的含量較高，撞擊後散落的塵土形成白色的黏土層，造成黏土層中銥元素的高含量。

隕石撞擊後，漫天的塵土遮蔽天空，植物無法行光合作用而死亡，綠色植物死亡造成食物鏈斷裂，食草和肉食恐龍接連滅亡，導致巨大的恐龍從地表消失！隨後，哺乳動物漸漸成為地球上的強勢物種。

白堊紀是恐龍最後存在的年代，白堊紀結束後哺乳類才逐漸興盛。恐龍只是運氣不好，如果不是這顆隕石，巨大的恐龍可能還活躍在地球上，而人類只能像電影中那樣被恐龍追得疲於奔命吧？

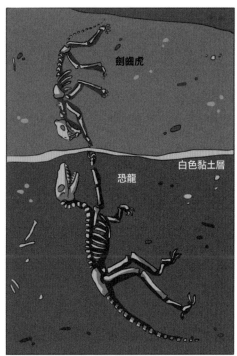

白堊紀是恐龍生存最後的時代，白色的黏土層標示著恐龍的滅絕，黏土層上方哺乳類漸漸興盛，取代恐龍成為地球上的強勢物種。

從彗星撞木星到彗星撞地球

彗星，自古以來就是謎一般的天體，古代的人認為它會帶來災難，讓人恐慌。其中最著名的彗星應該是哈雷彗星，是少數肉眼可以看見的彗星，哈雷發現它有 76 年的週期，並成功預測它下次回歸的時間，揭示彗星只是太陽系裡的一種天體，不需要感到害怕。

第二著名的彗星是哪一顆呢？以科學上的重要性來看應該是舒梅克－李維 9 號彗星（Comet Shoemaker–Levy 9），它改變我們對彗星的看法，但是它的出現，反而讓世人對彗星更加恐懼！

舒梅克－李維 9 號彗星是 1993 年 3 月 24 日由舒梅克夫婦和李維共同發現，也是這個團隊發現的第 9 顆週期彗星。

這顆彗星非常特別，被發現時，它繞著公轉運行的對象不是太陽而是木星！天文學家推測這顆彗星在飛往太陽的途中，經過木星附近時被木星捕獲，讓它繞著木星運行。

特別的是，舒梅克－李維 9 號彗星被發現時並不是「一顆」，而是「一長串」。天文學

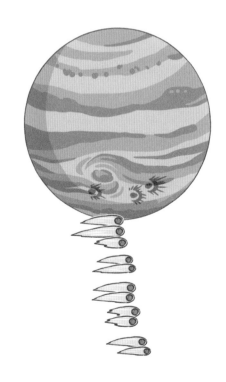

舒梅克－李維 9 號彗星被木星的重力拉扯成二十幾塊碎片，碎片撞上木星後留下巨大的棕色撞擊痕跡。

家推測它在 1992 年 7 月靠近木星時，受到木星重力拉扯，彗核分裂成二十幾顆，形成一長串的彗星。更令人驚訝的是，科學家預測這些碎片將在 1994 年 7 月 16 日到 22 日間先後撞上木星！

1994 年 7 月下旬，全世界的人都透過望遠鏡的影像目睹碎片撞上木星的痕跡，撞擊痕跡留在木星上長達數個月的時間。

這驚天一撞讓地球上的人不禁聯想到，彗星會撞上木星，也有可能會撞上地球，如果撞上地球結果會如何？人類有可能在這樣的災難中存活下來嗎？還是跟恐龍一樣走上滅絕之路？這些不再是杞人憂天的問題。

彗星撞木星也影響美國好萊塢，1998 年上映了兩部災難片《彗星撞地球》和《世界末日》都是從這次事件獲得的新點子。電影的情節會不會真的發生？萬一發現彗星或小行星真的正對著地球衝過來，人類有機會化解危機嗎？接下來為你揭曉！

你覺得先撞誰好？

人類只能像恐龍那樣聽天由命嗎？

6 千 6 百萬年前的一顆小天體撞上地球，造成恐龍滅亡。如果現在有顆同樣大的小天體衝向地球，我們有辦法阻止它嗎？還是只能等著被滅絕？

我們都知道，對疾病最好的處理方式是「及早發現，及早治療」，其實避免小天體撞地球的災難也一樣。

及早發現

小行星都相當暗，需要透過望遠鏡才能看見它們。科學家使用望遠鏡搜尋小行星，找到新的小行星後，計算它們運行的軌道，推算它們未來會不會撞上地球。

1998 年，美國國會要求美國航太總署在 10 年內，偵測百分之九十超過 1 公里大小的近地小行星。這個目標已經達成，現在科學家持續搜尋更小的近地小行星。

及早治療

兩輛高速行駛的汽車都要通過一個十字路口，如果兩輛車都維持同樣速度，它們就會在十字路口相撞。如何避免車禍發生呢？

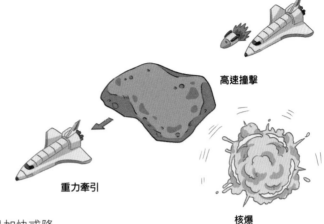

高速撞擊

重力牽引

核爆

只要其中一輛車加快或降低速度，錯開跟另一輛車同時通過十字路口的時間，就可以避免碰撞發生。其實，這跟避開小行星碰撞的方法很類似，讓小行星加快或降低速度，小行星會提早或延後經過撞擊點（十字路口），撞擊事件就不會發生。

避開小行星撞擊的方法，目前科學家認為比較可行的有三種。

第一個方法，是利用撞擊改變小行星運行速度。發射太空船靠近小行星，再由太空船發射撞擊器衝撞小行星，改變小行星的速度。

第二個方法，是利用太空船的引力吸引小行星。太空船與小行星保持一個適當距離，利用太空船本身的質量吸引小行星，讓小行星改變原來的軌道和速度。

第一種和第二種方法需要長時間才會看到效

如果預測小行星將撞上地球，要如何改變小行星運行方向呢？科學家認為有三種比較可行的方式：高速撞擊、重力牽引和核爆。

果，如果天文學家很早就發現小行星會撞上地球，可以採用第一和第二種方法，慢慢去改變小行星的速度和運行軌道；如果發現得太晚，就要用第三種激烈的方式阻止小行星撞地球。

第三個方法是核爆。發射攜帶核彈的太空船，在小行星附近引爆核彈，讓核爆產生的震波改變小行星的速度。

來自星星的你

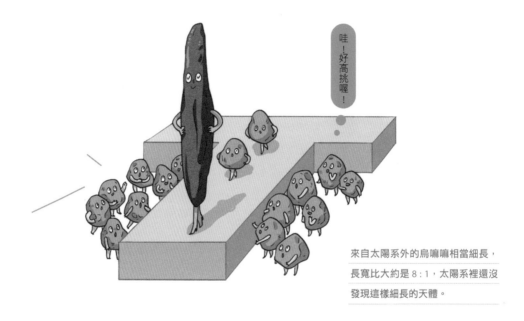

哇！好高挑喔！

來自太陽系外的烏嘛嘛相當細長，長寬比大約是 8：1，太陽系裡還沒發現這樣細長的天體。

前面章節介紹的天體都位在太陽系裡，2017年 10 月，夏威夷的泛星計畫發現第一顆來自太陽系外的天體，這個天體後來以夏威夷語 Oumuamua 命名，意思是斥候，音譯為烏嘛嘛（台語）。

科學家發現烏嘛嘛的軌道是雙曲線，太陽系裡其他天體的軌道是橢圓或拋物線。烏嘛嘛以每秒 26 公里的速度衝進太陽系，天文學家發現它時，它已經繞過太陽，正要離開太陽系，離我們愈來愈遠，也愈來愈暗，這增加了天文學家研究烏嘛嘛的難度，雖然研究烏嘛嘛的時間有限，不過天文學家還是有些驚人的發現！

烏嘛嘛的形狀像支雪茄（長寬比約為8:1），這跟一般馬鈴薯形狀的小行星相當不同。

烏嘛嘛被發現後，一度被認為是顆彗星，不過望遠鏡的觀測沒有發現彗尾，所以它被歸類為小行星。科學家在研究烏嘛嘛的軌道後，發現它離開太陽的速度比預期快，也就是它正加速離開！

天文學家還是懷疑烏嘛嘛是一顆彗星，它受到太陽光照射後，噴發出氣體和塵埃，讓它像點燃引擎的火箭一樣加速離開。但是烏嘛嘛已經離我們太遠，望遠鏡無法看見它的彗髮和彗尾。

烏嘛嘛遠離太陽後，再度奔向冰冷虛無的星際。說不定哪一天，它又會進入另一個恆星系統，為他們帶來驚喜。

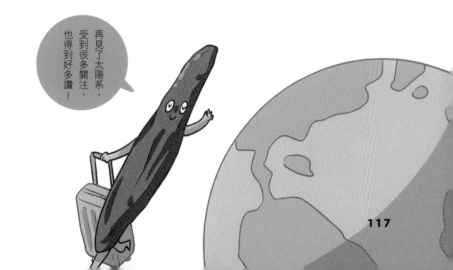

再見了太陽系，受到很多關注，也得到好多讚！

成為大彗星的條件

絕大部分的彗星都很暗，肉眼看不到，需要透過望遠鏡才能看見。肉眼能看見的彗星不常出現，通常幾年才會出現一顆。大彗星是指非常亮的彗星，它們更罕見，大約一、二十年才出現一顆。

成為大彗星需要什麼條件呢？

1. 體積大且活躍：彗星受到太陽的光和熱影響，彗核會噴發出氣體和塵埃，氣體和塵埃反射太陽光讓我們看見彗星。愈大愈活躍的彗星噴發出愈多的氣體和塵埃，讓彗星看起

大部分的彗星都不亮，肉眼不太容易看見彗尾，看起來比較像是一團棉花。

來更大。愈大的彗星就像一面愈大的鏡子，能夠反射愈多的太陽光，看起來愈亮。

2. 非常靠近太陽：晚上要能看清楚，我們會把東西靠近燈，這樣才夠亮、夠清楚；彗星也一樣，如果彗星很靠近太陽，這顆彗星就會很亮，有機會成為大彗星。

3. 非常靠近地球：如果彗星很靠近地球，看起來就更亮。

如果以上三個條件都滿足，這顆彗星一定會成為一顆大彗星。不過，如果條件夠好，滿足其中兩個條件也能成為大彗星。

近代史上的大彗星

池谷－關彗星（Comet Ikeya – Seki, C / 1965 S1）是一顆非常靠近太陽的彗星，最靠近太陽時，離太陽表面不到太陽半徑的距離。根據當時的紀錄，這顆彗星最亮達到 -10 等，甚至白天都可以看見它在太陽旁邊，可以說是千年一遇的彗星。

威斯特彗星（Comet West, C / 1975 V1）是 1975 年的大彗星，最亮達到 -3 等，白天都能看見。這顆彗星出現時受到的關注很少，因為兩年前原本有顆預報很亮的彗星，結果實際上一點都不亮，讓民眾大失所望，因此威斯特彗星來時沒有得到矚目。

百武彗星（Comet Hyakutake, C / 1996 B2）彗核本身並不大，不是很活躍，但是它非常靠近地球，離地球最近只有 0.1 天文單位。距離近讓這顆彗星變得很亮，而且讓彗尾長達到 80 度。

海爾－博普彗星（Comet Hale – Bopp, C / 1995 O1）是顆北半球可見的大彗星，有明顯的氣體尾和塵埃尾。這顆彗星並沒有很靠近太陽，但是它有很大的彗核而且活躍，讓它成為一顆大彗星。

下一顆大彗星什麼時候會出現？天文學家已經喊「狼來了」好多次，希望下次是真的。

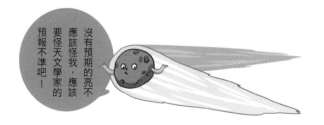

沒有預期的亮不應該怪我，應該要怪天文學家的預報不準吧！

橫空出世，彗星很有事

人類面對大自然中未知的現象時，通常會感到害怕，古代人最害怕的天象，除了日食外，可能就是彗星。彗星拖著長長的尾巴無預警出現，不知所以的人，以為這是上天要懲罰人類的徵兆。

「彗」這個字的上半部是兩束草，下半部是手，意思是手拿兩束草打掃。彗星也稱為掃把星，中國古代對彗星的占卜是掃除、除舊佈新，彗星出現對原本的政權是不祥預兆，皇帝可能會被替換（掃除），由新的政權接替。根據歷史記載，秦始皇和王莽過世時天空都曾出現彗星，他們死後都是由新的政權取代。

改變唐朝命運的彗星

唐高宗李治死後，皇后武則天想當皇帝，為了操控方便，先讓自己的小兒子李旦成為傀儡皇帝，後來武則天再要李旦把皇帝讓給自己，成為女皇。

武則天死後，幾番波折，李旦再次成為皇帝，他立兒子李隆基為太子。李旦的妹妹太平公主對權力有強烈慾望，想除掉太子李隆基。

公元 712 年時，天空出現一顆彗星，太平公主要術士向李旦建言，認為彗星出現是除舊佈新的徵兆，皇帝應該讓位給太子。太平公

主原本的目的是要挑撥李旦和李隆基，如果李旦還想繼續當皇帝，太子可能會換人做，太平公主就能剔除主要敵人李隆基。不過，李旦並不想繼續當皇帝，他把皇位讓給兒子李隆基，李隆基即位成為新的皇帝。

太平公主的計謀沒得逞，反而讓政敵李隆基當上皇帝。後來太平公主與李隆基之間衝突加劇，最後被賜死家中。

712 年出現的彗星讓李隆基成為新皇帝，進一步剷除政敵，接著開創了唐朝盛世，李隆基應該好好感謝這顆彗星吧！

凱薩彗星

公元前 44 年，凱撒大帝被元老院成員刺殺，幾個月後天空出現一顆非常亮的彗星，當時的人認為這顆彗星是凱撒的靈魂。屋大維是凱撒的養子，也是凱撒的繼承人，屋大維認為這顆彗星是凱撒化為天神的象徵，這顆彗星也成為最佳的政治宣傳工具。

彗星出現跟人世間發生的事沒有因果關係，不過彗星跟人之間的故事卻耐人尋味。

121

彗星與它的產地

彗星通常用發現者或發現望遠鏡的名字命名，但人名有可能出現同名同姓，所以我們還有身分證字號，這是一組獨一無二的號碼。其實，彗星也有自己專屬的編號。

短週期與長週期彗星

繞太陽運行，週期小於 200 年的彗星，稱為短週期彗星，短週期彗星以發現的順序給一流水號，再加上週期 Period 的 P。例如，第一顆發現的短週期彗星是哈雷彗星（Halley），它的編號是 1P，後面再加上彗星的發現者，1P / Halley。

週期超過 200 年的彗星稱為長週期彗星。長週期彗星以 C 為開頭，C 是彗星 comet 的字首，接下來是發現的年，再加上發現時間，發現時間以半個月為單位，一月上旬發現以 A 表示，一月下旬以 B 表示，依此類推。

不過，H 後接著是 J，而不是 I，因為英文字母 I 像阿拉伯數字 1，所以跳過不用。英文字母後面再加上發現順序的流水號，例如，1995 年 7 月下旬發現的第一顆彗星是海爾－博普彗星（Comet Hale-Bopp），它的編號是 C / 1995 O1。

月分	1	2	3	4	5	6	7	8	9	10	11	12
上半月	A	C	E	G	J	L	N	P	R	T	V	X
下半月	B	D	F	H	K	M	O	Q	S	U	W	Y

英文字母與 24 個上下半月的對照表

彗星從哪裡來的？

地球繞太陽公轉的平面稱為黃道面，其他行星差不多也在黃道面上公轉。多數的短週期彗星軌道接近黃道面，短週期彗星源自海王星軌道外側的區域，古柏帶（Kupiter belt）。它們原本是長週期彗星，進入太陽系內側後，如果靠近巨行星，受到巨行星重力影響，軌道從長週期變成短週期，成為短週期彗星。

長週期彗星會從四面八方各個角度往太陽奔去，它們來自更遙遠的歐特雲（Oort

cloud）。歐特雲距離太陽大約從 1 千到 10 萬天文單位，就像是一個巨大的彗星庫，可能保存數兆顆彗星。如果這些彗星受到太陽附近的恆星擾動，它們就可能往太陽系內側移動，形成長週期彗星。

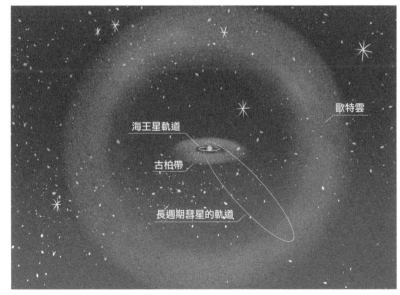

古柏帶與歐特雲分別是短週期與長週期彗星的發源地。

123

彗星要怎麼看？

天文學家用星等來描述恆星的亮度，彗星的亮度也是用星等表示，但是彗星跟恆星不一樣，恆星看起來是一個光點，彗星卻不是光點，而像是反射太陽光的一團氣體。一整團發亮的彗星要如何用星等描述呢？彗星的星等是把整團彗星的亮度全部加起來（也就是包括彗髮和彗尾的亮度），看整體亮度相當於多少星等。例如，一顆亮度 4 星等的彗星，它全部的亮度加起來就相當於 4 星等的恆星。

天氣狀況很好、無光害的情況下，肉眼能看到的極限是 6 星等。可以看見 6 星等恆星的天候環境下，肉眼能清楚看見 4 星等的恆星，相同情況下，一顆 4 星等的彗星能看見嗎？恐怕不太容易，因為彗星的光散布在較大的範圍，不容易看見。舉個例子，海面上的兩座島嶼，其中一座非常高聳，另一座低矮，不過它們在海面上的體積相同，對海上航行的人來說，高聳的島比低矮的島容易看見，高聳和低矮的島分別就像同樣亮度的恆星和彗星。

最近老是覺得有人偷瞄我。

看彗星要用眼角餘光瞄，不要直接盯著彗星，反而比較容易看見。

天文學家可以預測彗星的位置和抵達的時間，可是彗星的亮度卻很難預測，最主要的原因是每一顆彗星大小與活躍程度都不一樣。彗星活躍程度影響噴發的氣體和塵埃，噴發的物質愈多，彗星能反射的光愈多、愈亮。彗星的亮度預測跟天氣預報一樣，可以當作參考，只有彗星靠近時，才能知道它真的多亮。

一般的情況，適合觀看彗星的時間，是彗星靠近太陽時，此時彗星會變得比較亮，出現在日落後的西方或日出前的東方地平線上。例如 1997 年的海爾－博普彗星在 4 月初通過近日點，那時它出現在日出前的東方。另一個適合觀賞的時機是彗星最靠近地球時，1996 年的百武彗星 3 月下旬最靠近地球，成為當年的大彗星。

想看彗星就不要盯著看

除了非常亮的彗星，一般彗星看起來就像一團模模糊糊的棉花，彗星的尾巴不容易看見。如果不夠亮，就不容易看見這顆彗星。亮度接近肉眼極限的彗星，可以用周邊視覺來看，也就是不要直接盯著彗星，而是用眼角餘光瞄，反而比較能感受彗星的存在。

125

Ch.6
探索
太陽系
的任務

圖解太陽系探索

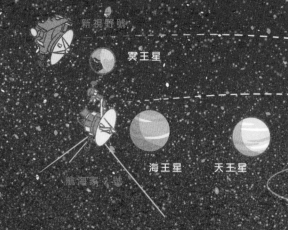

新視野號

冥王星

海王星　　　天王星

航海家2號

人類探索太陽系的方式，從最早的肉眼，進步到望遠鏡，雖然望遠鏡讓我們看到更暗的天體，不過望遠鏡的解析度還是有限，最好能用太空船飛抵這些天體一探究竟。

太空船是工程與科學的產物，不過預算卻決定探索的方式。載人的太空探索花費最高，目前人類只有到過月球，其他的天體探索主要都是由無人太空船執行。

太空船探索的方式有飛掠、進入天體軌道和登陸。飛掠只有匆匆一瞥，航海家和新視野號都是這類的探測器。要進入天體軌道就

需要攜帶額外的火箭燃料，讓太空船減速，花費較高，例如卡西尼號和朱諾號，它們可以作長時間的仔細研究。最困難的是登陸表面，例如火星漫遊車，登陸的過程中有很多變數，一不小心可能就墜毀在火星表面。

太空船抵達目的地後，要讓儀器順利操作，電力絕對不能少。電力來源主要有兩種：太陽能板和放射性同位素熱電機（Radioisotope thermoelectric generator）。太陽能板簡單好用，缺點是離太陽愈遠，接收的太陽光愈小，電力也愈低。跟地球相比，火星、木星和土星分別只能接收到44%、4%和1%的

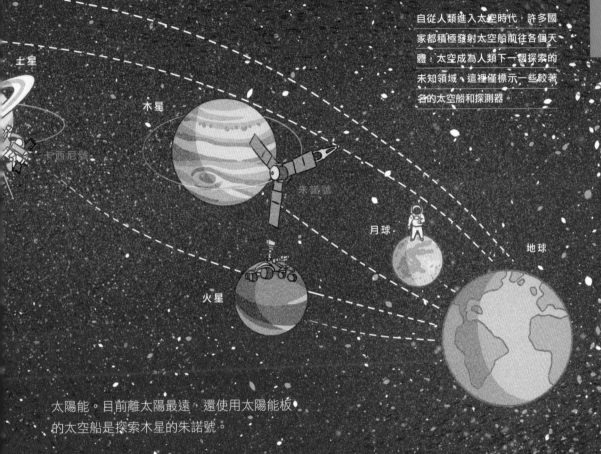

自從人類進入太空時代，許多國家都積極發射太空船前往各個天體；太空成為人類下一個探索的未知領域，這裡僅標示一些較著名的太空船和探測器。

土星

木星

卡西尼號

朱諾號

月球

地球

火星

太陽能。目前離太陽最遠，還使用太陽能板的太空船是探索木星的朱諾號。

放射性同位素熱電機裡有放射性元素鈽-238，鈽-238衰變發熱，熱電機利用溫差產生電力。熱電機的優點是電力穩定，不受白天、夜晚和天氣的限制，缺點是利用溫差產生的電力有限，而且隨著鈽持續衰變，電力也會愈來愈小。探索土星的卡西尼號和飛掠冥王星的新視野號，電力都來自於熱電機。

127

為什麼要探索太空？

探索和好奇是人的天性，這樣的天性讓人類從誕生地遠離非洲，探索未知的大地，征服海洋，發現新大陸。現在，整個地球都被探索過了，接下來呢？太空沒有疆界，不屬於任何人或國家，是人類下一個探索的領域。

許多國家對太空探索投入巨大的人力和物力，就是為了在這個領域占一席之地。阿拉伯聯合大公國曾經從石油獲得巨大的財富，不過石油總有枯竭的一天，他們選擇發展太空科技作為未來產業，2020 年他們發射希望號前往火星探險，加入太空探索的行列。

為什麼要探索太空呢？科學探索當然是一個很好的理由，不過太空探索花費龐大，這樣做真的值得嗎？

出發吧！航向未知的海域！

升空，探索未知的宇宙！

20 世紀開始的太空探索，就像哥倫布航向未知海域，同樣投入龐大的人力和物力，不過收穫更多。太空探索的副產品為生活帶來許多的便利，你能想像現在沒有人造衛星的樣子嗎？

太空探索的副產品

15 世紀末，歐洲人要取得亞洲的香料只有兩個選擇，陸路被鄂圖曼帝國所阻，海路要通過非洲南端的好望角，困難重重。哥倫布建議從歐洲往西尋找一條通往亞洲的航道，後來哥倫布並沒有發現新航道，卻發現美洲新大陸！這個意外的副產品比香料值錢多了。

為了探索太空、發展新科技，有些科技產品商業利益非常大，甚至改變我們的生活。例如太陽能板、淨水器、耳溫槍、冷凍乾燥食物等。其中耳溫槍中的紅外線感測元件來自美國航太總署，是運用量測宇宙天體熱輻射的技術，可以快速量測體溫。

另外一個非常成功的例子：手機上的照相感光元件。美國航太總署為了探索太空，研發更小、更精良的感光元件，後來這種感光元件被運用在手機和數位相機上。當你拍完美美的照片，上傳社群網站分享時，你也應該給太空探索的科學家一個大大的讚。

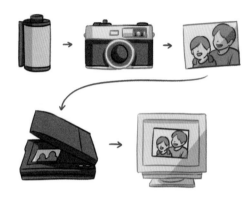

底片時代：

買底片→拍照→送沖印店→掃描照片→放上網路

數位時代：

拍照→送上社群網站

太空競賽 I：急起直追

冷戰時期，美國和蘇聯兩個超級強國進行了一場太空競賽。1957 年 10 月 4 日，蘇聯率先成功發射人類史上第一顆人造衛星：史波尼克 1 號（Sputnik 1）。史波尼克 1 號飛過美國上空時，美國人只能眼睜睜看著它飛過，造成極大的恐慌，美國人懷疑蘇聯正在進行偵查，更害怕史波尼克會丟下核彈。

美國人的恐懼還沒消退，蘇聯在史波尼克 1 號升空一個月後，又發射史波尼克 2 號（1957 年 11 月 3 日），這次太空船裡還搭載了一隻小狗，讓蘇聯成了第一個把動物送上太空的國家。

早期美國的太空計畫由軍方主導，陸海空三軍各自發展自己的火箭。為了趕上蘇聯，搭載美國第一枚衛星的海軍先鋒火箭（Vanguard）在壓力下倉促發射。1957 年 12 月 6 日，美國人在全國電視轉播中看見先鋒火箭升空，不過只上升 1.2 公尺就墜毀爆炸。太空競賽初期，美國遭受巨大挫敗。

史波尼克 1 號的構造簡單，由一個直徑 58 公分的金屬球和四根長天線組成，它只會發出嗶、嗶、嗶的簡單無線電訊號，不過，這個從未見過的新衛星卻造成了美國人極大的恐慌。

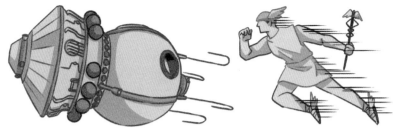

蘇聯的東方 1 號太空船

水星計畫其實跟行星水星沒有直接關係，水星的英文是 Mercury，是指羅馬神話中的信使之神墨丘利，祂是眾神中跑得最快的，美國人希望他們能夠像墨丘利一樣飛快追上蘇聯，所以水星計畫翻譯成墨丘利計畫比較恰當。

由美國陸軍主導的探險家 1 號（Explorer 1）計畫，終於在 1958 年 1 月 31 日發射成功，讓美國也進入太空時代。

1958 年 10 月 1 日，美國航太總署（NASA）正式運作。美國航太總署的前身是美國國家航空諮詢委員會（NACA），美國航太總署成立後，吸收了美國軍方太空計畫的資源，整合後的美國航太總署為美國太空計畫吹起反攻號角！

水星計畫（Project Mercury）

1961 年 4 月 12 日，蘇聯的尤里．加蓋林（Yuri Gagarin）首先搭乘東方 1 號升空，繞行地球一圈後返回地球，讓蘇聯成為第一個將太空人送上太空的國家。

不到一個月後，美國也做出回應。1961 年 5 月 5 日，艾倫．雪帕德（Alan Shepard）搭乘自由 7 號太空船升空。因為當時美國的火箭推力還不夠，雪帕德抵達太空的高度後就返回地球，並沒有繞地球飛行。一直到 1962 年 2 月 20 日，駕駛友誼 7 號的約翰．葛倫（John Glenn）才繞地球航行了三圈。

1961 年 5 月 25 日，美國總統甘迺迪（John Kennedy）在國會發表演說，宣示要在 1960 年代結束前，把太空人送到月球，並讓太空人安全返航，這也訂定了美國太空計畫的明確目標。

1963 年 5 月，最後一次水星載人計畫升空時，美國太空人在太空中待的時間超過一天。不過在此之前，蘇聯已經完成將近四天的太空之旅。雖然美國拼命追趕，但是蘇聯還是保持一步領先。

131

太空競賽 II：彎道超車

美蘇完成單人的太空任務後，接下來就是進行搭載兩人的太空船測試，另外太空衣的測試也很重要。

太空中接近真空，而且溫度變化非常大，太陽直射時溫度高達攝氏 120 度，太陽照不到的部分溫度降到攝氏零下 230 度。太空衣除了提供太空人所需的空氣和電力，還要在巨大的溫度變化下保護太空人，它的角色就像太空人的個人太空船。

1965 年 3 月 18 日，蘇聯太空人阿列克謝·列昂諾夫（Alexei Leonov）在兩人的太空任務中，執行人類首次的太空漫步，這段期間太空人和太空船之間只有一條繫繩維繫。列昂諾夫在太空船外活動大約 12 分鐘後要回到太空船，他發現太空衣在真空中膨脹得太大，無法順利進入太空船。如果問題無法解決，將無法回到地球，永遠漂浮在太空中！後來他釋放太空衣的空氣，讓太空衣內的壓力降低，太空衣縮小後才進入太空船。

美國的太空人也在 1965 年 6 月完成首次太空漫步，卻仍然落後蘇聯一步。

雙子星計畫（Project Gemini）
「登陸月球」跟「送人上地球軌道」非常不同，必須有全新的思維。

發射一艘太空船直接登陸月球，再從月球起飛回到地球，這樣的方式很直覺，可是實際上卻不容易做到。因為這種方式太耗費燃料，必須建造非常巨大的火箭。

登陸月球跟爬山攻頂的過程有些類似。爬大山的山友，如果行程超過一天，往往需要背負帳篷、鍋碗瓢盆、食物。攻頂前會把暫時不用的裝備留在登山口，背著簡單的攻頂小背包，輕裝攻頂。登頂結束後，再回登山口，背上重裝往下一個目標出發，這種輕裝攻頂的方式可以節省不少體力。

登陸月球也跟登山攻頂一樣，太空人只攜帶

登山攻頂與登陸月球有些類似。攻頂前會把笨重的重裝留下，
只用小背包攻頂，完成攻頂後再返回，背上重裝繼續前進。登
陸月球也類似，留下返回地球的太空船，只用輕巧的登月小艇
登陸月球，登月完成後再利用登月小艇回到月球軌道，與月球
軌道上的太空船接合，返回地球。

133

必要的裝備用登月小艇登陸月球，返回地球的太空船和燃料留在月球軌道上。完成登月任務後，登月小艇回到月球軌道與太空船接合，再一起返回地球。

登月小艇要與月球軌道上的太空船接合（docking），必須發展全新的會合（space rendezvous）與對接技術，這是美國雙子星計畫最重要的目的。

「會合」是指兩艘太空船在太空中保持一定的距離，以相同的速度飛行。兩艘雙子星太空船在 1965 年 12 月完成人類首次會合，當時兩艘太空船相距只有 30 公分。這是美國在太空競賽中首次超越蘇聯，從此以後美國在太空競賽上就一直保持領先，蘇聯到 1968 年才完成太空船會合。

完成會合後，下一個目標是兩艘太空船「對接」。1966 年 3 月 16 日，尼爾・阿姆斯壯（Neil Armstrong）和大衛・史考特（David Randolph Scott）搭乘雙子星 8 號（Gemini 8）升空。任務一開始進行得很順利，雙子星 8 號與無人太空船完成史上首次太空船對接。對接後不久，太空人感覺到太空船不正常搖晃，研判可能是無人太空船造成的，所以決定讓雙子星 8 號脫離無人太空船。

雙子星 8 號脫離後，反而以每秒一圈的速度高速旋轉，他們試著要讓太空船停止旋轉，但是太空船完全不受控制。如果太空船持續高速旋轉下去，兩名太空人會失去意識，永遠漂浮在太空中。阿姆斯壯研判可能是控制太空船軌道方向的系統出問題，所以把這個系統關閉，開啟太空船上用來返回地球的小型火箭來控制雙子星 8 號，阿姆斯壯正確的判斷，讓太空船停止旋轉！

阿姆斯壯在太空船高速旋轉、可能暈眩失去意識的情況下，還能沉著做出正確判斷，找出問題並解除危機，臨危不亂讓阿姆斯壯成為首次登月任務指揮官的最佳人選！

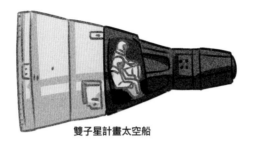

雙子星計畫太空船

水星計畫太空船

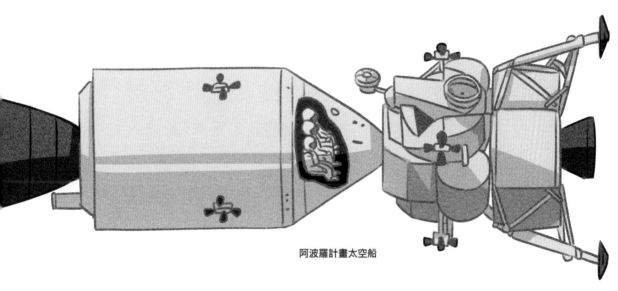

阿波羅計畫太空船

水星、雙子星、阿波羅計畫太空船大小比較，這三個
計畫的太空船分別搭載 1、2 和 3 位太空人。水星太空
船的大小像一輛迷你轎車，雙子星太空船像休旅車，
前往月球的阿波羅太空船則有一輛卡車大。

太空競賽 III：登陸月球

探索太空的過程，就像摸著石頭過河，美蘇兩方都沒有經驗，過程中同樣也都經歷一些挫敗。

致命的阿波羅 1 號意外

雖然美國在雙子星計畫中超越蘇聯，但是快速發展而疏忽安全，這讓美國人付出極慘痛的代價。

1967 年 1 月 27 日，阿波羅 1 號（Apollo 1）的三名太空人參加阿波羅 1 號指揮艙的斷電測試。這時阿波羅 1 號已經架設在農神火箭 IB 的頂端，預計在 2 月 21 日發射到地球軌道，進行首次的飛行測試。這次斷電測試被認為是安全且無危險的，因為農神火箭還沒裝填燃料，但是誰也沒預料到，這次測試卻造成美國太空史上一次嚴重的意外！

隨著太空船愈來愈大，乘坐的太空人也從水星計畫的 1 人、雙子星計畫的 2 人，到阿波羅計畫的 3 人，把這些太空船發射升空的火箭也愈來愈大。

測試數小時後，阿波羅 1 號指揮艙突然發生火災，火災迅速蔓延，大量的濃煙和高溫，讓三名太空人來不及逃離太空艙就死亡。

意外發生後的調查，發現阿波羅 1 號的設計有許多致命錯誤，而且沒有火災應變和解救太空人的程序。太空船內有許多的易燃物質，受損的電線發生走火，加上艙內的純氧，讓火災一發不可收拾；另外，艙門開啟的程序也太過繁複，無法在意外發生時快速脫離險境。阿波羅 1 號意外發生後，太空船重新設計，避免災難再次發生。

有人說，還好這次的意外發生在正式發射之前，讓美國航空太空總署的工程師能詳細檢視阿波羅 1 號的所有缺陷。如果意外發生在太空中，工程

師就無法檢視太空船的狀況，可能沒辦法找出所有問題，那些沒有解決的問題可能會再次發生，造成日後更多傷亡。弔詭的是，如果沒有阿波羅 1 號事件，可能就沒有日後成功的登月任務。

甘迺迪總統在 1961 年宣示的太空政策，真的讓太空人在 1960 年代結束前成功登上月球，阿波羅 11 號的成就，也讓美國在太空探險保持數十年的領先地位！

阿波羅計畫：人類的一大步

阿波羅 1 號的悲劇並沒有阻止美國人前往月球的決心。1968 年 12 月 21 日，阿波羅 8 號（Apollo 8）發射升空，進入月球軌道，雖然只有在軌道上繞月球運行，卻是人類首次飛抵月球，三位太空人還在月球軌道上度過聖誕夜。

接下來的幾次任務，讓美國太空人對登陸月球做好準備。終於，在 1969 年 7 月 20 日，阿波羅 11（Apollo 11）號的太空人阿姆斯壯登陸月球，這是人類首次在月球表面留下腳印，艾德林隨後也踏上月球表面。阿波羅 11 號的太空人，在 7 月 24 日安全成功降落在北太平洋。

阿波羅太空人在月球上的腳印，可以保存很久很久，超過數億年，因為月球表面沒有風或水讓腳印消失。

阿波羅太空人留下腳印後，
還在月球上做了哪些事？

阿波羅計畫登月 6 次，一共有 12 位太空人踏上月球，他們除了在月球上留下腳印，還帶了許多探索月球的科學儀器，讓我們對地球最近的鄰居有更清楚的認識。

我們與月的距離

月球是離我們最近的天體，即使如此，我們也不能用尺來量測月球與地球的距離。最精準的量測方法是用雷射，從地球上打一道雷射光到月球，雷射光被月球反射後會再回到地球的接收站，只要量測雷射光從發射、反射到接受的時間，把這個時間的一半乘上光速，就可以得到準確的地月距離。不過這個簡單的方法，一直到阿波羅太空人把反射鏡送上月球表面後才能運作。

科學家長期量測地球與月球的距離後，發現月球以每年 3.8 公分的速度遠離地球，這是地球和月球之間潮汐力相互作用的結果。

在月球上留下腳印後，當然要趕快拍照上傳社群網站！

登陸月球的目的是為了打敗蘇聯，贏得太空競賽，不過背後還是有很多科學的動機存在。每次的任務帶回許多月球岩石樣本，在月球上設置儀器，阿波羅 17 號登月的太空人裡，有一位甚至是地質學家。

月球上也有地震！？

阿波羅太空人攜帶的科學儀器中包含月震儀，月震儀和地震儀很類似，只是月震儀是用來量測月球上的地震。月球上的地震規模比地球上的小得多，不過有些地震時間很長，最長的搖晃時間將近一小時！

月球形成的證據

阿波羅太空人還有一項重要的任務：採集月球岩石樣本，這些帶回地球的月球岩石中藏著月球形成的證據。科學家使用儀器研究分析月球岩石發現，月球上氧的同位素比例和地球上的幾乎一樣，這表示月球與地球表面物質的來源相同。

根據月球起源的撞擊說，一顆火星般大的天體猛烈撞上地球，飛出地球外的物質受重力影響聚集形成月球。這次劇烈撞擊讓兩天體的物質混合在一起，所以月球和地球的組成才會如此相似。

月球上的地震比地球上的規模小，
不過有些月震會持續長達一小時！

如果蘇聯先登月，
人類可能早就登陸火星了！

太空競賽是美國和蘇聯在冷戰時期的一場競爭，一開始美國人處於落後的狀態。1957年10月蘇聯發射第一枚衛星，接下來第一隻動物上太空，接著1961年4月第一個人類上地球軌道，蘇聯的太空發展進度飛快，讓美國人措手不及、深受打擊。

美國人要如何回應呢？美國總統甘迺迪在1961年5月於美國國會演說，宣示要在1960年代結束前讓人類登陸月球，並安全返航。美國人當時連把太空人送入地球軌道的火箭都沒有，居然承諾要在短短不到十年內登陸月球，可以想見美國人是被蘇聯人逼急了，只好設定一個更大的目標去達成。所以，登月的初衷，其實是充滿政治考量。

假設美國人一開始就領先

太空競賽初期，美國雖然落後蘇聯，不過也只差幾步而已。美國總統的宣示讓美國人有具體目標，讓危機感轉為強大的動能，最後讓美國人完成不可能的任務。

假設美國人比蘇聯人還早登上太空，太空競賽中一開始就領先蘇聯。美國總統很可能就不會慷慨激昂的宣布登月計畫，宣示要在這麼短的時間內完成登月，「人類登陸月球」或許就不會這麼快達成。

太空競賽是場美國與蘇聯兩強之間的競爭，雖然競爭的舞台是太空，卻充滿濃濃的政治角力，結果是把人類快速推向太空與月球，讓人類進入太空時代。

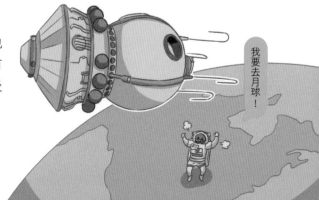

140

假設蘇聯人先登陸月球

蘇聯在 1957 年發射第一枚人造衛星,之後一直領先美國,一直到 1965 年美國才超越蘇聯,4 年之後美國人就登陸月球。這段歷史中,蘇聯領先了大半的時間。

美國人雖然在登月競賽獲得最後勝利,不過蘇聯其實毫不遜色。當時蘇聯也在發展自己的登月任務,由首席火箭設計師謝爾蓋‧科羅廖夫(Sergei Korolev)主導,打造巨大的 N1 火箭,N1 火箭只比農神 5 號火箭稍小,預計搭載 2 名太空人到月球。

可惜的是科羅廖夫在 1966 年一場手術中意外身亡,之後 N1 火箭的發展就不順利。蘇聯嘗試 4 次 N1 火箭發射,不過都以失敗收場,最後只好放棄登陸月球的計畫。

假設科羅廖夫沒有早逝,帶領蘇聯成功發射 N1 火箭,領先美國登陸月球,美國將會如何回應呢?

美國很可能會繼續加碼,以登陸火星為目標,不贏過蘇聯不罷休,阿波羅計畫之後就會有登陸火星計畫!

如果蘇聯先登陸月球,人類可能早就登陸火星了!

月球

火星

太空競賽 IV：握手言和

太空競賽的起源可以追溯到 1955 年，當時美蘇兩國分別宣示要發射人造衛星。美國成功登月後，這場競賽是在什麼時候畫下句點呢？

1975 年，美蘇兩個太空強權各自發射最先進的太空船，兩艘太空船在地球軌道上對接，兩國太空人握手、交換禮物、參觀對方的太空船，結束 20 年的太空競賽。

阿波羅指揮／服務艙是美國前往月球和返回地球的太空船，由指揮艙和服務艙兩部分組成。服務艙提供了太空船所需的動力，指揮艙則搭載三位太空人，是唯一會回到地面的部分。

聯盟號（Soyuz）是蘇聯為了登陸月球發展的太空船，功能跟阿波羅指揮／服務艙類似。阿波羅指揮／服務艙在這次的太空對接結束後退役，反而聯盟號到目前還在使用，是俄羅斯太空人前往國際太空站的太空船。

太空競賽時期，美蘇兩國各自發展自己的太空船，有各自的對接方式，兩國的太空船在

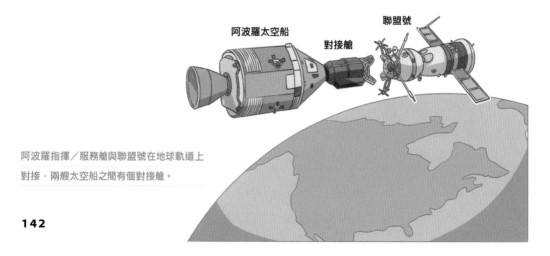

阿波羅指揮／服務艙與聯盟號在地球軌道上對接，兩艘太空船之間有個對接艙。

阿波羅 - 聯盟號任務

太空中無法直接對接，兩者之間需要一個對接艙（Docking Module）。對接艙一端是美式接頭，另一端是蘇聯式接頭，透過對接艙兩國的太空船才能對接。

另一方面，對接艙也是個氣密艙。聯盟號和阿波羅太空船內的空氣壓力不一樣，而且聯盟號內是氮與氧混合的氣體，阿波羅太空船則是純氧。美國太空人要到聯盟號前必須在

對接艙內等待，等對接艙內的氣壓調解到跟聯盟號相同時，美國太空人才能進入聯盟號；蘇聯太空人要進入美國太空船也要經過同樣的程序。

這次兩國太空船的對接，象徵了太空競賽的結束。接下來，美蘇兩國各自發展自己的太空計畫，下次雙方太空船在太空中再次對接是 20 年後的事。

白頭鷹和棕熊分別代表美國和蘇聯，1975 年兩國的太空船在太空對接，象徵太空競賽的結束，雙方握手言和。

國際太空站：從競爭到合作

美蘇的太空競賽中，登陸月球是兩國競爭的共同目標。登月競賽結束後，太空還是美蘇競爭的舞台，不過，兩國接下來發展的方向卻不一樣。

太空梭 vs. 太空站

美國的重心放在太空梭研發。太空梭是一種外型像飛機，可以重複使用的太空船，美國一共建造 5 艘可以執行太空任務的太空梭。太空梭有一個酬載貨艙，用來把貨物、衛星和望遠鏡送上太空。1981 年首次發射升空，一直到 2011 年退役，30 年期間執行 135 次太空任務，負責把美國太空人和物資運送上太空。

相對於美國的太空梭，蘇聯則以發展太空站為主。1971 年，蘇聯發射史上第一個太空站禮炮 1 號（Salyut 1），接下來一系列的禮砲太空站計畫，讓蘇聯在太空站的建造和營運上更成熟。

和平號（Mir）是蘇聯第二代的太空站，也是第一個多模組太空站，由六個蘇聯製造的模組組成，各個模組分別由火箭運送至地球軌道，再組合成和平號。第一個模組在 1986 年升空，和平號的功能和可運用的區域比禮炮號大很多。和平號太空站曾經保有一項傲人的紀錄，將近 10 年的時間都持續有太空人進駐。

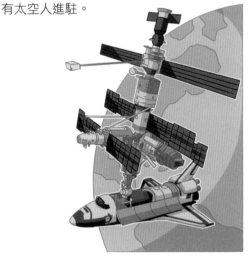

太空梭對接和平號太空站是美俄太空合作的重要里程碑。

國際太空站的組裝過程

美國也曾經擁有自己的太空站：太空實驗室（skylab），它是美國唯一的太空站，曾經有三組太空人（共 9 人）進駐。太空實驗室 1973 年升空，太空人進駐的總時間卻只有短短的 24 週，美國人在太空站的經營上遠遠落後蘇聯。

國際太空站

原本美國太空梭與蘇聯太空站是各自發展的兩條路，卻在 1991 年後意外出現合作的契機。1991 年蘇聯解體，俄羅斯接收蘇聯的太空計畫，對美國來說，昔日的對手消失，還幸運的出現合作對象。

美國原本要跟歐洲、日本和加拿大一起建造一座太空站：自由號，當時俄羅斯也在建造和平 2 號太空站。1993 年美俄宣布合作，自由號和和平 2 號兩個計畫合而為一，成為國際太空站（International Space Station）。

1995 年太空梭首次對接和平號太空站，為建造國際太空站作準備。太空梭是當時酬載能力最大的太空船，可以同時載人和載貨，非常方便。1998 年國際太空站開始建造，太空梭負責大部分的運輸任務。俄羅斯豐富的太空站經驗，加上美國太空梭的絕佳功能，雙方互補，讓國際太空站成為研究和探索宇宙的重要基地。

國際太空站是人類探索宇宙的前哨戰，由美國、俄羅斯、歐洲、日本和加拿大共同建造。

誰那麼浪漫，在情人節拜訪愛神？

誰那麼浪漫，特別選在情人節這一天，千里迢迢去拜訪愛神？

2000 年 2 月 14 日情人節，美國航太總署的會合－舒梅克號（NEAR Shoemaker）探測船進入愛神星（Eros）軌道，探訪愛神小行星。

會合－舒梅克號

會合－舒梅克號是美國航太總署的探測太空船，第一個執行探索小行星的計劃，它的目標就是愛神星。太陽系裡的小行星那麼多，為什麼選擇愛神星作為探索目標呢？

近地小行星距離地球比較近，容易讓太空船靠近它和研究它，了解近地小行星也有助於防範小行星撞擊地球。而愛神星是第二大的近地小行星，相當適合作為會合－舒梅克號的研究目標。

會合－舒梅克號於 1996 年 2 月 17 日發射升空，原本預計在 1999 年年初時進入愛神星的軌道，但是機械故障差點就讓會合－舒梅克號失去控制。在地面人員的努力之下，成功讓會合－舒梅克號恢復正常，讓它在千禧年的情人節跟愛神星相會，整個過程是個浪漫的巧合。

會合－舒梅克號成為了第一個進入小行星軌道的探測船，觀測和研究愛神星將近一年的

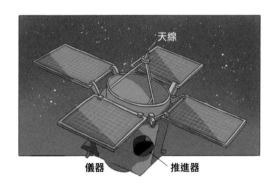

會合－舒梅克號是第一艘探索小行星的太空船，外形很簡單，四片太陽能板、天線、推進器和位在底部的各種探測儀器。

時間。根據會合－舒梅克號的量測，愛神星的長、寬、高大約是 34.4、11.2、11.2 公里，它的長度相當於台北市到中壢的距離。

會合－舒梅克號原先的設計並沒有要著陸在愛神星上，但是科學家不希望會合－舒梅克號在燃料用盡後，失控撞上愛神星，讓第一個抵達小行星的探測器，也成為第一艘墜毀在小行星上的太空船，所以他們試著要讓會合－舒梅克號降落在愛神星上。

不過，愛神星的外型不是圓形的，而是不規則狀，這也讓太空船的操控更加困難。地面的控制人員讓會合－舒梅克號慢慢靠近愛神星，2001 年 2 月 12 日，會合－舒梅克號成功降落在愛神星上，成了第一艘降落在小行星上的太空船！

會合－舒梅克號降落在愛神星後，太陽能板就無法朝向太陽充電，沒多久太空船就電力耗盡。科學家最後一次跟會合－舒梅克號取得聯繫的時間是 2001 年 2 月 28 日，在此之後，會合－舒梅克號就停留在愛神星，永遠與愛神為伴。

會合－舒梅克號克服機械異常，最後在 2000 年的情人節進入愛神星的軌道。經歷一年的科學研究，會合－舒梅克號降落在愛神星上，為這個任務畫下完美句點。

147

再見菲萊，再見羅賽塔

歐洲太空總署於 2004 年 3 月發射羅賽塔號（Rosetta）太空船，它最主要的目的是為了研究丘留莫夫－格拉西緬科彗星（67P/Churyumov-Gerasimenko），這顆彗星是一顆週期 6.4 年的短週期彗星。羅賽塔號飛抵彗星後，進入彗星的軌道，繞行研究這顆彗星。羅賽塔號除了本身的探測儀器，還攜帶了菲萊（Philae）登陸器，菲萊是設計用來登陸並研究彗星用的。

羅賽塔號在太空中旅行十年，終於在 2014 年 8 月 6 日抵達這顆彗星。羅賽塔號繞著彗星運行，持續探索這顆彗星，傳回了許多彗星的珍貴影像。2014 年 11 月，菲萊探測

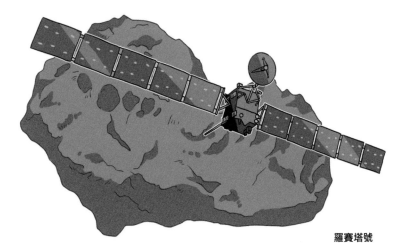

羅賽塔號

羅賽塔太空船是以一塊名為羅賽塔的石碑命名，這塊石碑上刻有三種文字：埃及象形文、草書及古希臘文，三種文字的內容是一樣的。石碑發現前，埃及象形文和草書是無法判讀的文字。透過羅賽塔石碑能用古希臘文來破解埃及文，羅賽塔石碑成了解讀埃及文的關鍵；科學家希望透過羅賽塔號太空船破解彗星和早期太陽系未知的謎團。

菲萊，我來陪你了

羅賽塔跟菲萊的探險

歐洲太空總署製作的動畫，讓你從影片中了解羅賽塔的科學任務及動人的情節。

羅賽塔任務結束後，科學家為了避免未來羅賽塔撞上彗星，特別操控太空船讓它安全降落在彗星上，羅賽塔號也成為第一艘登陸彗星的太空船。

器降落在彗星表面時，沒有固定好，幾次彈跳後，不小心落到了一個太陽光照不到的區域，這讓依靠太陽能的菲萊無法正常運作。令人尷尬的是，科學家一直找不到菲萊到底掉在哪裡。

羅賽塔號任務結束前，2016 年 9 月 2 日，羅賽塔終於在一個陰暗角落找到菲萊，再見到菲萊，讓科學家們放下了心中的石頭，就像是找到失落的部分。

2016 年 9 月 30 日羅賽塔號結束任務，它以緩慢的速度靠近彗星的表面，但是羅賽塔號在設計上並沒有登陸彗星的功能，降落在彗星表面後，它就沒辦法再跟地球聯絡，所以羅賽塔號傳回它最後的影像時，也在以它的方式對我們說再見。謝謝你為我們所做的冒險，再見了羅賽塔！

149

慢步在火星

漫遊車是探索火星非常重要的工具,可以近距離觀察和採樣,研究探索火星表面。美國航太總署先後發射 5 輛漫遊車登陸火星,它們是 1997 年登陸的旅居者號（Sojourner）、2004 年的精神號（Spirit）與機會號（Opportunity）、2012 年的好奇號（Curiosity）和 2021 年的毅力號（Perseverance）。

精神號和機會號是兩輛相同的漫遊車,同年登陸在火星上的不同地點。好奇號和毅力號看起來很像,美國航太總署為了節省經費和研發時間,讓毅力號沿用好奇號的一些設計,不過上面的儀器全面升級。

這些漫遊車隨著時間愈來愈大,儀器也愈來愈精良。最早的旅居者號只有微波爐般大,精神號和機會號的大小像一部高爾夫球車,好奇號和毅力號就如一輛轎車那麼大。

如何降落火星表面？

火星大氣稀薄,光用降落傘無法讓漫遊車安全抵達地面。旅居者號、精神號和機會號被包裹在許多充氣的氣囊內,落地時氣囊能保護漫遊車免於損壞,安全著陸後漫遊車再從洩氣的氣囊裡離開。好奇號和毅力號比之前的漫遊車重,不能用氣囊方式著陸,它們用空中吊車（sky crane）吊掛上火星表面。

毅力號

好奇號

精神號

旅居者號

美國航太總署一共發射了四代的漫遊車,從最早最小的旅居者號到最新的毅力號,它們都成功完成了探索火星的任務。

精神號登陸火星動畫

毅力號登陸火星動畫

火星漫遊車的速度都很慢，每秒只能移動幾公分，主要的原因是漫遊車能夠使用的電力相當有限，一點都快不起來。

漫遊車的電力哪裡來？

你可能會想像這些漫遊車在火星表面上奔馳，揚起紅色的沙塵，但其實這些漫遊車的極速只有每秒幾公分！為什麼移動得這麼慢呢？其中一個因素是漫遊車的電力只有一百多瓦[1]，這樣低的電力甚至連你家的吹風機都無法正常運作（吹風機大約需要一千瓦的電力）。漫遊車除了移動還有許多科學儀器和相機要運作，這麼低的電力當然跑不快。

旅居者號、精神號和機會號使用的是太陽能板產生的電力，太陽能板簡單、方便，不過火星離太陽較遠，只能獲得地球上百分之四十四的太陽能。另一個缺點是沒有太陽就沒有電，2018 年火星發生全球沙塵暴，遮蔽了整個天空，機會號的太陽能板無法充電，最後電力耗盡，任務被迫中止。新一代的漫遊車好奇號和毅力號的電力則來自放射性同位素熱電機，熱電機的優點是不受天候的限制，缺點是熱轉成電的效率低，能夠提供的電力也有限。

找什麼？

這些漫遊車千里迢迢登陸火星的目的是什麼？最早的旅居者號是實驗性質的漫遊車；隨後的精神號和機會號則是要探索火星的地表是不是曾經有流動的水；好奇號則接續精神號和機會號的任務，另外同時尋找生命可能的跡象；毅力號著陸在一個河口的三角洲，那裡可能沉積火星早期的生命化石。毅力號的任務是尋找火星過去存在的生命，會採集火星岩石樣本，未來美國航太總署可能會派太空船把這些珍貴的樣本送回地球，在實驗室裡分析火星是不是曾經有生命存在。

1 │火星比地球離太陽遠，只能得到較少的太陽能，放射性同位素熱電機在先天上就只能產生較少的電力。

151

大老婆的反擊：朱諾號造訪木星

希臘神話故事中，宙斯是眾神之王，祂喜歡拈花惹草的個性，常常讓宙斯的大老婆希拉非常生氣。木星的英文是 Jupiter，直譯是朱比特，祂是羅馬神話中眾神的領袖，相當於希臘神話中的宙斯。

木星的衛星大部分以宙斯愛人的名字命名，

宙斯整天被愛人圍繞著應該樂不思蜀，不過這一切在 2016 年 7 月變得不一樣，朱比特的大老婆朱諾（相當於希拉）號太空船飛抵木星，繞著木星運行，長期就近監視木星。

朱諾號是美國航太總署的太空船，於 2011 年 8 月發射升空，主要目的是研究木星。朱

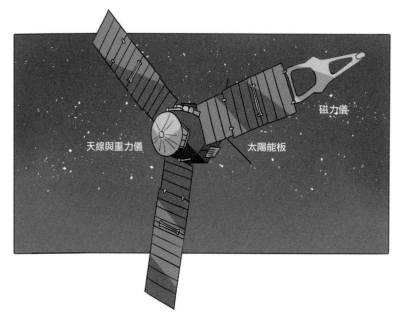

天線與重力儀　　　　　　太陽能板　　　　磁力儀

朱諾號的外形有三面巨大的太陽能板，它的太陽能板創下行星探索太空船最大的紀錄，這是為了讓遠在木星軌道上的朱諾號能夠運作。

朱諾號近距離探索木星

朱諾號近距離靠近木星，
木星表面的風暴、湍流彷彿觸手可及，
帶你一起悠遊木星！

諾號最大的特徵是提供電力的三片巨大太陽能板，每片 2.7 公尺 ×8.9 公尺，總面積是所有行星探索太空船中最大的。

木星接收到的太陽光只有地球的 4%，其實並不適合用太陽能板來供應電力，最佳提供電力的方式是放射性同位素熱電機，但是熱電機需要的鈽元素短缺，不得不選用太陽能板。不過，這三面巨大的太陽能板卻帶來意想不到的結果。

羅馬神話中，朱諾是木星朱比特的老婆，朱比特相當於希臘神話中的宙斯，朱比特在眾多愛人（衛星）環繞下，大老婆朱諾突然造訪，不知眾神之王朱比特是不是嚇到吃手手！

太陽能板的附加功能

太陽系裡除了行星、小行星外，還有一些小小的微塵，它們分布在行星繞太陽的軌道平面上，稱為行星際塵埃。日落後或日出前，出現在太陽附近的黃道光，就是這些行星際塵埃反射太陽光的結果。

朱諾號前往木星的途中，它的監視相機發現太陽能板受到行星際塵埃的撞擊，科學家從這些撞擊可以研究行星際塵埃的分布情形，

當初設計朱諾號的工程師完全沒有預料到，太陽能板原來能用來研究行星際塵埃！

投入土星懷抱的卡西尼－惠更斯號太空船

航海家 1 和 2 號都曾經飛掠土星，不過只有匆匆一瞥。為了要仔細研究土星，美國航太總署、歐洲航太總署和義大利太空總署合作研發一艘探索土星的太空船，這艘太空船以卡西尼和惠更斯名字命名，太空船的本身稱為卡西尼號，它搭載一個探索泰坦的探測器：惠更斯號。

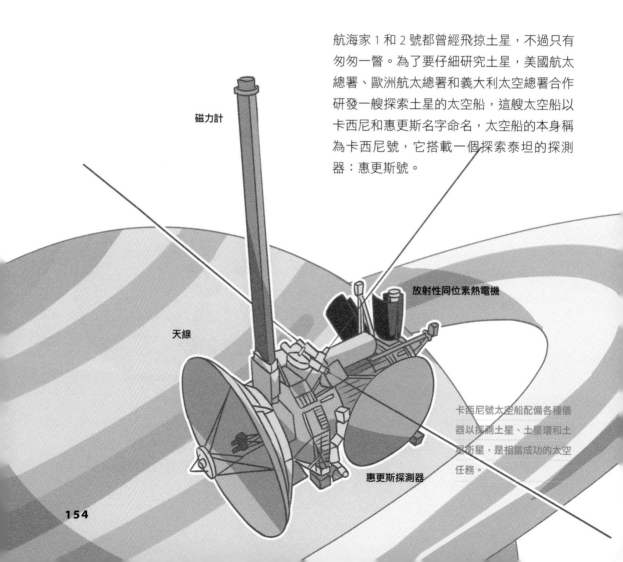

磁力計

天線

放射性同位素熱電機

惠更斯探測器

卡西尼號太空船配備各種儀器以探測土星、土星環和土星衛星，是相當成功的太空任務。

卡西尼號的最終章

卡西尼和惠更斯是兩位天文學家,他們對土星的研究有很大貢獻。惠更斯發現土星環的真面目,它是扁平的環,惠更斯還發現土星最大衛星:泰坦。

卡西尼發現土星環由不同的環組成,其中最亮的兩環之間有一個縫隙,後來這個環縫被稱為卡西尼環縫(Cassini Division),他還發現四顆土星衛星。

卡西尼號 2004 年飛抵土星,它提供許多珍貴的影像和資料,讓科學家能夠研究土星系統。惠更斯號在 2005 年登陸泰坦,創下月球以外,探測器成功登陸的紀錄。

研究土星 13 年後,卡西尼號的壽命走向終點,為了避免它未來不小心撞上泰坦或恩賽勒達斯,污染這兩顆可能有生命存在的衛星,科學家決定讓卡西尼號墜毀在土星。卡西尼號帶著眾人的感謝與祝福,2017 年 9 月 15 日在土星上層大氣化作流星,成為土星的一部分。

與湯博同行：新視野號

2006 年 1 月 19 日，美國航空太空總署的新視野號（New Horizons）太空船發射升空，新視野號最初的目的，是要探索太陽系中尚未被太空船探測過的第九號行星：冥王星。

不過新視野號升空的幾個月後，國際天文聯合會（IAU）在 2006 年 8 月 24 日宣布，把冥王星重新定義為矮行星，所以冥王星從太陽系的第九顆行星，變成一顆矮行星。新視

天線

放射性同位素熱電機

望遠鏡

新視野號是第一艘探索冥王星的太空船，它飛行了 9 年半的時間才到達冥王星，目前正往太陽系外圍前進。

冥王星低空飛行
利用新視野號飛掠的影像資料，
重新建構模擬低空飛過冥王星的影片，
讓人身歷其境、神遊冥王星！

野號原本是要來探索太陽系的最後一顆行星，卻成了第一艘探索矮行星的太空船。

與湯博同行

新視野號除了搭配各種科學儀器外，還帶了一件特別的東西：湯博的骨灰。

還在提案探索冥王星太空船時，曾經詢問過冥王星發現者湯博，如果太空船通過提案，願不願意在他過世後，把一部分的骨灰放在太空船上一起去冥王星？湯博欣然接受。

歷經了 9.5 年的時間，於 2015 年 7 月 14 日飛掠冥王星，新視野號發現冥王星表面上有一個心形區域，好像是冥王星特別為湯博準備的獻禮！

2021 年 4 月，新視野號已經飛離太陽超過 50 天文單位，是第五艘達到這個里程碑的太空船。接下來新視野號將繼續飛往冰冷虛無的太空，探索未知的領域。

我和湯博一起
來看你了喔！

外星人看得懂航海家的瓶中信嗎？

1977 年，兩艘航海家太空船先後發射升空，目的是為了要去探索太陽系裡的外側氣態行星。航海家 1 號和 2 號都飛掠木星和土星，不過航海家 2 號還飛掠天王星和海王星，是目前唯一探索過天王星和海王星的太空船。

除了配備當時最先進的儀器，太空船上還帶著一張金唱片，金唱片裡記錄各種聲音和音樂，希望如果有一天外星人發現航海家太空船，可以從這張金唱片了解我們的地球。

唱片是 19 世紀末發明的，可以用來記錄和播放聲音，有點像是現代的 CD。人類科技的進步非常快，唱片之後陸續發明了錄音帶、軟碟片和硬碟。不過當時最成熟的記錄工具唱片，現在已經不容易看見了，要找到播放唱片的機器更是不容易。雖然金唱片的封面有簡單的使用說明，但是哪一天外星人收到這個瓶中信時，真的知道要怎麼播放

嗎？這可能就像是人類的考古學家挖掘到幾千年前古文明的文物，抓抓頭想著這個東西的用途是什麼？到底要怎麼使用？

金唱片中有 55 種語言的問候話，這些問候語主要是選擇較多人使用的語言。其中 3:47 是台語對外星人的問候，外星人聽了應該會覺得相當溫馨吧！

航海家金唱片

航海家金唱片中，
有一段向外星人問候的話，
其中 0:14 是廣東話，1:45 是日語，
2:29 是華語，3:47 是台語。

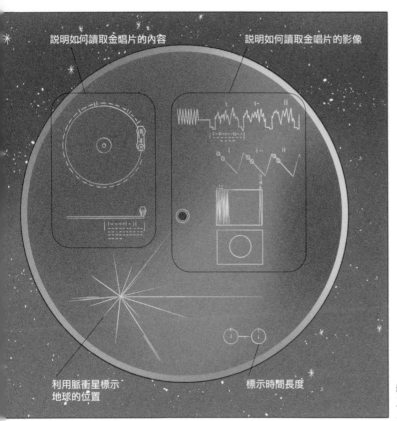

說明如何讀取金唱片的內容

說明如何讀取金唱片的影像

利用脈衝星標示
地球的位置

標示時間長度

航海家金唱片的護套上寫下許多訊息，
包括如何讀取唱片內容和太陽系在銀河
系中的位置，如果有外星人發現航海家
就可以按圖索驥找到地球，不過身為地
球人，你看得懂上面寫什麼嗎？

女力上太空

美國與蘇聯最早的太空人都來自男性試飛員，原因是試飛員常面對緊急狀況，他們懂得在情況危急時保持冷靜，做出正確判斷。

史上第一位上太空的女性是蘇聯的泰勒斯可娃（Valentina Tereshkova），1963 年 6 月 16 日她獨自搭乘太空船升空，在太空待將近三天後返回地球。

美國的第一位女太空人是莎莉 · 萊德（Sally Ride），她在 1983 年搭乘太空梭上太空，也就是泰勒斯可娃上太空的 20 年後。特別的是，英國、伊朗和南韓第一位上太空的太空人都是女性，而不是男性。

女性的優勢

太空競賽時期，美國航太總署沒有培訓女太空人，民間卻自己遴選 13 位女太空人。這13 位女性的遴選條件跟當時水星計畫的太空人一樣，所以稱為「水星 13 女傑」，她

們都是經驗豐富的飛行員，可惜當時是以男性為主的社會，她們沒有上太空的機會。

沃利 · 馮克（Wally Funk）是水星 13 女傑之一，2021 年 7 月搭乘首航的藍色起源太空船飛上太空，當時她 82 歲，創下年齡最大的太空人紀錄。

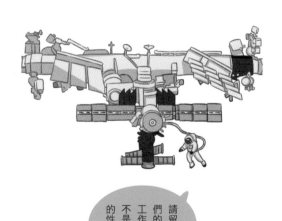

請留意我們的專業工作，而不是我們的性別。

根據研究，女性太空人適合長期駐紮性任務，男性則適合短期任務性工作。女太空人還有一項優勢，她們的體重輕、食量少，女性需求的卡路里比男性少 15 ～ 25%。太空站要依賴火箭補給，運補的費用相當高，女性消耗較少，相當適合在太空工作。

在太空待最久的美國人是？

佩吉 · 惠特森（Peggy Whitson）是美國航太總署的退休太空人，是生物化學博士，優秀的她保有多項紀錄。2024 年中旬為止，她在太空待了 665 天，創下美國太空人待最久的紀錄。2018 年，惠特森從美國航太總署退休，2023 年 5 月帶領商業太空任務公理 2 號太空船到國際太空站，未來還會領導公理 4 號再上太空，前往國際太空站。

美國在 1960 和 70 年代登陸月球的都是男性太空人，不久後我們將可以看見女性太空人在月球漫步。

未來，我們將看見女太空人登陸、探索月球。

太空競賽 2.0

美國在 1960 到 1970 年代登陸月球的動機非常清楚，就是為了贏過蘇聯。為什麼美國在 1972 年最後一次登月後就沒有再去月球了呢？原因是登陸月球的花費太高，也已經取得競賽的勝利，所以取消後續登月計畫。

幾十年後的現在，月球又成了各國爭相造訪的目標。

社群網站。
攝影片上傳
空站後要拍
等一下到太

羅 11 號著陸點。
去寧靜海看阿波
往月球，這次要
我要在太空站轉

的城市。
鏡看我居住
我想用望遠

登月後的改變

根據當時美國航太總署的推測，順利完成登月的機率只有 50％，以現代的安全標準來看，遠遠不及格。跟之前的登月相比，現在最大的改變是科技進步，尤其是電腦，以前需要用到一個房間大的電腦，現在一片晶片就能達到。

不過，真正改變遊戲規則的是太空商業的蓬勃發展，尤其是重複使用火箭的出現，太空探索 SpaceX 和藍色起源都致力於重複使用的火箭。

以前火箭都只使用一次，把貨物或衛星送上軌道後火箭就報廢，每一次發射都要耗費一架造價昂貴的火箭。重複使用的火箭出現後，火箭完成任務可以飛回地表，經過維修再次使用，大大降低發射成本。2024 年中旬為止，太空探索的同一架獵鷹 9 號火箭已經重複升空達 21 次。

或許你會認為太空梭也是重複使用的太空船，除了中央巨大的氫氣槽，其他部分都可以重複使用，但是太空梭在所有太空載具中

去月球旅行要記得帶雨傘，月球南極應該很冷，要多帶衣服。

不管去哪裡，媽媽的叮嚀總是不會少。

發射費用最高，每公斤發射的費用大約是獵鷹 9 號火箭的十幾倍。

太空探索公司的革命性改變，刺激整個太空事業蓬勃發展，新創的太空企業如雨後春筍。太空不再只是國與國之間競爭的地點，更成為太空商業競爭的場所，太空是新市場，也是新大陸。

除了地球軌道上的活動，月球是下一個兵家必爭之地，尤其是月球南極。月球南極有豐富的水冰，水是重要的資源，提供太空人飲水，也能製造呼吸所需的氧氣，更可以電解成氫和氧，作為火箭的燃料。月球南極可能成為前往火星的轉運站。

隼鳥 2 號去龍宮做什麼？

日本宇宙航空研究開發機構（JAXA）主導的隼鳥 2 號（Hayabusa2）計畫，於 2018 年 6 月 27 日抵達龍宮小行星（Ryugu），目的是要採集龍宮小行星上的岩石樣本。岩石樣本帶回地球，能讓科學家研究龍宮小行星的組成。為什麼這顆小行星要命名為龍宮呢？

浦島太郎的傳說

日本有個關於浦島太郎的傳說故事。浦島太郎是一位漁夫，有一天他發現一群小孩在海邊欺負一隻海龜，好心的浦島太郎解救了海龜，海龜為了報恩，所以帶浦島太郎到海底的龍宮遊玩。

龍宮的乙姬公主很感謝浦島太郎，於是熱情招待他。幾天後，浦島太郎想回去陸地上，離開龍宮前，乙姬公主給浦島太郎一個盒子，並交待千萬不可以打開。

浦島太郎回到陸地上後，發現人事全非，原來他在龍宮過了短短幾天，陸地上已經過了幾十年！傷心難過的浦島太郎，忘了乙姬公主的交待，把乙姬公主給的盒子打開，浦島太郎瞬間變成了一個七、八十歲的老頭子。

誰去打開從龍宮小行星帶回來的盒子？

隼鳥 2 號帶回的盒子

隼鳥 2 號在龍宮小行星採集的樣本，放在一個盒子裡帶回地球，盒子中的樣本保留了數十億年前太陽系剛形成時的樣子，也就是太陽系年輕時的樣貌；就像是乙姬公主給浦島太郎的盒子，裡面裝著浦島太郎的青春歲月——這就是隼鳥 2 號探索的小行星叫做龍宮的原因！

2020 年 12 月 5 日，隼鳥 2 號帶回裝龍宮樣本的盒子，科學家仔細分析龍宮樣本，發現樣本中存在有機物，而且還有胺基酸，胺基酸是組成生命的要素。有些科學家認為地球上的生命來自外太空，地球早期受到小行星撞擊，撞擊的過程把有機物帶到地球，進一步在地球上形成生命。

隼鳥 2 號帶回的盒子，或許裝著地球生命起源的秘密！

隼鳥 2 號採集龍宮小行星的樣本，再把樣本送回地球，讓科學家可以研究龍宮小行星的組成。

165

撞擊演習，DART 任務

科學家認為，強烈的撞擊可以改變小行星速度和軌道，這種方式能夠避免小行星撞擊地球，不過這需要實際驗證。

2022 年 9 月 26 日，美國航太總署的 DART（Double Asteroid Redirection Test）太空船進行一項測試，太空船要撞擊一顆小行星：迪莫弗斯（Dimorphos），迪莫弗斯是迪迪莫斯（Didymos）小行星的衛星，它以 11.9 小時的週期繞著迪迪莫斯公轉。這次演習目的就是為了驗證撞擊可不可行。

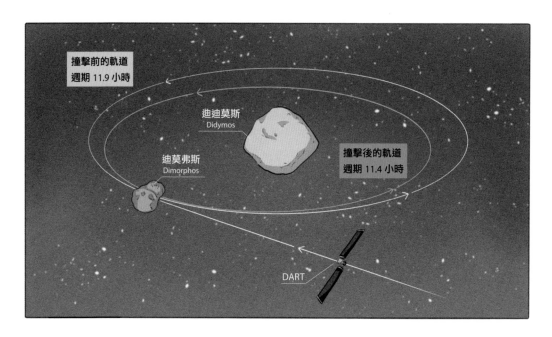

撞擊前的軌道
週期 11.9 小時

迪迪莫斯
Didymos

撞擊後的軌道
週期 11.4 小時

迪莫弗斯
Dimorphos

DART

蚊子可以改變抹香鯨游泳的方向嗎？

DART 太空船的質量大約是迪莫弗斯的一千萬分之一，相當於蚊子與抹香鯨的比例，小小的蚊子撞抹香鯨能改變什麼呢？

如果 DART 的速度夠快，確實能改變迪莫弗斯的軌道。當時 DART 以每秒 6.6 公里的高速撞擊迪莫弗斯，原本科學家估算這可以縮短迪莫弗斯的公轉週期 1 到 10 分鐘，但是撞擊後迪莫弗斯的公轉週期縮短為 32 分鐘，效果遠比科學家的預估還好，證明撞擊可以有效改變小行星的軌道。

為什麼改變的軌道週期比預期多呢？那是因為 DART 撞擊迪莫弗斯後，迪莫弗斯表面噴出大量的物質，這個過程進一步縮短迪莫弗斯的軌道週期。讓科學家意外的是，原本並沒有預期 DART 的撞擊，會讓迪莫弗斯噴出大量物質。

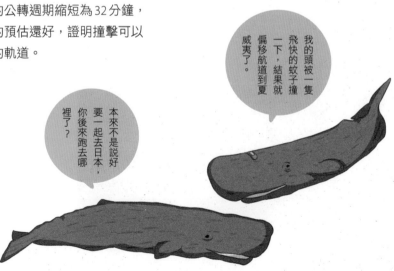

觀星指引

四季星空年年輪轉，星星之間的相對位置幾乎沒有改變，古希臘眼中的獵戶座，現在依舊是星空中的王者！星空之美，美在亙古不變，古希臘人看過，梵谷畫過，星夜感動所有抬頭仰望的人。

相對於天上固定不動的恆星，月亮與行星卻無時無刻在變動，月亮從新月、上弦月、滿月、下弦月到殘月，陰晴圓缺變換的過程，也在星空中繞一圈；水星、金星、火星、木星與土星是五顆肉眼容易看見的行星，它們

沿著太陽在天空走的路徑（黃道）移動。夜空中有了月和行星變得更豐富。

水星是五顆行星中最不容易看見的一顆，因為是最靠近太陽的行星，常常淹沒在太陽的光芒裡。想看見水星，就要選在水星遠離太陽角度最遠的時候。天文上用「距」（elongation）來表示行星與太陽之間的角度，水星離太陽最大的角度稱為大距，大距介於 18 度到 28 度之間。當水星在太陽東側大距的位置，稱為水星東大距（greatest

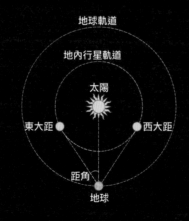

左圖：地內行星與地球的相對位置，東大距與西大距是距角最大的地方。

右圖：地內行星在東大距的位置，離太陽的角度最遠。

地球軌道
地內行星軌道
太陽
東大距　　　西大距
距角
地球

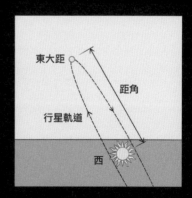

東大距
距角
行星軌道
西

eastern elongation），位在太陽東側，適合日落後觀看。水星位在太陽西側則稱為水星西大距（greatest western elongation），出現在日出前的東方。水星東大距跟西大距前後幾天是最適合看水星的時間。

金星跟水星一樣，都位在地球軌道內側，都稱為地內行星。金星也有東、西大距，不過金星非常亮，也離太陽較遠，所以不需要等大距，日出前的東方或日落後的西方，相當容易就可以看見明亮的金星。

火星、木星與土星是地球外側的行星，稱為地外行星，沒有大距，可以出現在夜空中任何位置。除非太靠近太陽，一般要看見它們並不困難，不過最適合看地外行星的時機是「衝」（opposition）。衝是指地外行星、地球和太陽排列成一直線，幾乎是地外行星最靠近地球的位置，這時也達到最亮。

當兩個天體靠得很近稱為「合」

（conjunction），例如金星合月是指金星與月亮靠得很近。兩個天體在天空中靠得近，天文上不一定有特別的意義，不過在視覺上卻相當美，祝福大家觀星愉快！

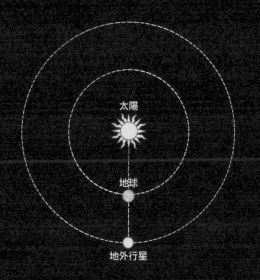

地外行星在「衝」時，與地球和太陽排成一直線，幾乎是地外行星最接近地球的時機。

火星合月，2021 年 12 月 3 日火星與月出現在曙光中，火星在月亮 5 點鐘方向。殘月與火星相當靠近，相距大約只有 0.9 度。李昀岱攝於台南漁光島。

2021 年 12 月 7 日，傍晚西方出現的金星合月。李昫岱攝於台南安平。

9 月 1 日　（農曆廿九）　● 水星合月

日出前的東方，可以看見水星合月，兩者相距約 8.5 度。

9 月 5 日　（農曆初三）　● 水星西大距

日出前的東方，適合觀看水星。

9 月 5 日　（農曆初三）　● 金星合月

日落後的西方，可以看見金星合月，兩者相距約 1.8 度。

9 月 8 日　（農曆初六）　● 土星衝

最適合觀看土星的時間。

9 月 17 日　（農曆十五）　● 土星合月

土星與月亮相距約 1 度。

9 月 22 日　（農曆二十）　● 秋分

太陽從正東方升起，日夜等長。

9 月 27 日　（農曆廿五）　● C/2023 A3（Tsuchinshan-ATLAS）過近日點

日出前的東方地平線上，有機會用肉眼看見 C/2023 A3
彗星。

10 月 6 日　（農曆初四）　● 金星合月

日落後的西方，可以看見金星合月，兩者相距約 8 度。

10 月 12 日　（農曆初十）　● C/2023 A3（Tsuchinshan-ATLAS）最靠近地球

日落後的西方地平線上，有機會用肉眼看見 C/2023 A3
彗星。

10 月 15 日　（農曆十三）　● 月掩土星

臺灣不可見，清晨，月落（03:14）後才發生月掩土星。

10 月 17 日　（農曆十五）　● 最大滿月

今年最大滿月。

10 月 26 日（農曆廿四） ◉ 心宿二合金星
日落後的西方，可看見心宿二合金星，兩者相距～3 度。

11 月 3 日 （農曆初三） ◉ 水星合月
日落後的西方，可以看見水星合月。

11 月 5 日 （農曆初五） ◉ 金星合月
日落後的西方，可以看見金星合月。

11 月 16 日（農曆十六） ◉ 水星東大距
日落後的西方，適合觀看水星。

12 月 8 日 （農曆初八） ◉ 木星衝
最適合觀看木星的時間。

12 月 8 日 （農曆初八） ◉ 土星合月
土星非常靠近月亮，位在月亮的邊緣，土星最靠近月亮
的時間大約是 16:50。

12 月 14 日（農曆十四） ◉ 雙子座流星雨極大
雙子座流星雨極大期發生時間接近滿月，月亮會降低看
見的流星數，極大期預報的時間是臺灣 09:00。

12 月 21 日（農曆廿一） ◉ 冬至
太陽來到最南端，北半球白天最短。

12 月 25 日（農曆廿五） ◉ 月掩角宿一
清晨，下弦月東升後，角宿一從月亮亮緣掩入，掩入時
間大約是 02:06，角宿一復出時間約 03:06。

12 月 25 日（農曆廿五） ◉ 水星西大距
日出前的東方，適合觀看水星。

12 月 29 日（農曆廿九） ◉ 水星合月
日出前的東方，可以看見水星合月。

1 月 3 日　（農曆初四）　◉　象限儀座流星雨極大期

象限儀座流星雨受月光影響不大，相當適合觀看。

1 月 3 日　（農曆初四）　◉　金星合月

日落後的西方，可以看見金星合月，兩者相距約 4 度。

1 月 5 日　（農曆初六）　◉　土星合月

日落後的西方，可以看見土星合月，兩者相距約 10 度。

1 月 10 日　（農曆十一）　◉　金星東大距

金星位在太陽東側，離太陽最遠的角度。

1 月 16 日　（農曆十七）　◉　火星衝

最適合觀看火星的時間。

1 月 20 日　（農曆廿一）　◉　土星合金星

日落後的西方，可以看見土星合金星，兩者相距約 2.6 度。

2 月 1 日　（農曆初四）　◉　月掩土星

月亮掩過土星，發生在白天（11:00 ～ 11:35），不容易觀看。

2 月 10 日　（農曆十三）　◉　月掩火星

發生在清晨，臺灣北部可見，火星在地平線上掩入。南部不可見，月落後火星才掩入。

2 月 26 日　（農曆廿九）　◉　土星合水星

日落後的西方，可以看見土星合水星，兩者相距約 2.2 度。除了土星與水星，還可看見金星、火星和木星，五顆行星一起出現。

3 月 1 日　（農曆初二）　◉　水星合月

日落後的西方，可以看見水星合月，兩者相距約 2.5 度。

3 月 1 日 （**農曆初二**） ◉ 土星合月

日落後的西方，可以看見土星合月，兩者相距約 9 度。

3 月 2 日 （**農曆初三**） ◉ 金星合月

日落後的西方，可以看見金星合月，兩者相距約 6 度。

3 月 8 日 （**農曆初九**） ◉ 水星東大距

水星出現在日落後的西方，適合觀看水星。

3 月 9 日 （**農曆初十**） ◉ 金星合水星

日落後的西方，可看見金星合水星，兩者相距約 6 度。

3 月 20 日 （**農曆廿一**） ◉ 春分

太陽通過赤道，這一天日夜等長。

4 月 3 日 （**農曆初六**） ◉ 月掩五車五

月亮掩過五車五（1.6 等），臺灣全程可見（約 19:14 ～ 20:18）。

4 月 22 日 （**農曆廿五**） ◉ 水星西大距

水星出現在日出前的東方，適合觀看水星。

4 月 25 日 （**農曆廿八**） ◉ 金星合月，土星合月

日出前的東方，可以看見金星合月與土星合月。

4 月 26 日 （**農曆廿九**） ◉ 水星合月

日出前的東方，可以看見水星合月，兩者相距約 3 度。

4 月 29 日 （**農曆初二**） ◉ 土星合金星

日出前的東方，可看見土星合金星，兩者相距約 3.7 度。

5 月 23 日 （**農曆廿六**） ◉ 土星合月

日出前的東方，可以看見土星合月，兩者相距約 4 度。

5 月 24 日 （**農曆廿七**） ◉ 金星合月

日出前的東方，可以看見金星合月，兩者相距約 3 度。

6月1日　（農曆初六）　⬤　金星西大距
　　　　金星位在太陽西側，離太陽最遠的角度。

6月1日　（農曆初六）　⬤　火星合月
　　　　日落後的西方，可以看見火星合月，兩者相距約 1 度。

6月21日　（農曆廿六）　⬤　夏至
　　　　太陽直射北回歸線，北半球白天時間最長。

6月27日　（農曆初三）　⬤　水星合月
　　　　日落後的西方，可以看見水星合月，兩者相距約 2.5 度。

7月4日　（農曆初十）　⬤　水星東大距
　　　　水星出現在日落後的西方，適合觀看水星。

8月12日　（農曆十九）　⬤　木星合金星
　　　　日出前的東方，可以看見木星合金星，兩者相距約 1 度。

8月12日　（農曆十九）　⬤　英仙座流星雨極大期
　　　　月光會減少看見的流星數。

8月19日　（農曆廿六）　⬤　水星西大距
　　　　水星出現在日出前的東方，適合觀看水星。

8月20日　（農曆廿七）　⬤　木星合月、金星合月
　　　　日出前的東方，可以看見木星合月與金星合月。

8月22日　（農曆廿九）　⬤　水星合月
　　　　日出前的東方，可以看見水星合月，兩者相距約 4 度。

9月8日　（農曆十七）　⬤　月全食
　　　　臺灣可以看見完整的月全食過程，初虧 00:27，食既 01:
　　　　30，食甚 02:13，生光 02:52，復圓 03:56。

9月21日　（農曆三十）　⬤　土星衝
　　　　最佳觀測土星的時機。

9 月 23 日　（**農曆初二**）　◍　秋分

太陽通過赤道，這一天日夜等長。

10 月 12 日　（**農曆廿一**）　◍　月掩五車五

月亮掩過五車五（1.6 等），臺灣全程可見（約 01:33 ～ 02:33）。

10 月 21 日　（**農曆初一**）　◍　火星合水星

日落後的西方，可以看見火星合水星，兩者相距約 2 度。

10 月 23 日　（**農曆初三**）　◍　火星合月

日落後的西方，可以看見火星合月，兩者相距約 5 度。

10 月 24 日　（**農曆初四**）　◍　水星合月

日落後的西方，可以看見水星合月，兩者相距約 8.4 度。

10 月 30 日　（**農曆初十**）　◍　水星東大距

水星出現在日落後的西方，適合觀看水星。

11 月 13 日　（**農曆廿四**）　◍　火星合水星

日落後的西方，可看見火星合水星，兩者相距約 1.3 度。

12 月 8 日　（**農曆十九**）　◍　水星西大距

水星出現在日出前的東方，適合觀看水星。

12 月 14 日　（**農曆廿五**）　◍　雙子座流星雨極大期

月光會減少看見的流星數。

12 月 18 日　（**農曆廿九**）　◍　水星合月

日出前的東方，可以看見水星合月，兩者相距約 7.8 度。

12 月 21 日　（**農曆初二**）　◍　冬至

太陽直射南回歸線，是北半球夜晚最長的一天。

info-

專有名詞解析

專有名詞解析

中文名	英文名	簡介
3 畫		
土星	Saturn	距離太陽第六近的行星，有明顯的行星環。
土星環	rings of Saturn	土星的行星環，主要成分是冰。
大紅斑	Great Red Spot	木星南半球的巨大紅色高氣壓風暴，它的直徑比地球還大，已經存在上百年時間。
大暗斑	Great Dark Spot	海王星上的巨大高氣壓風暴。
小行星	asteroid	繞太陽運行，形狀不規則的小天體，沒有彗星般的尾巴。
小行星帶	asteroid belt	火星與木星軌道之間，環狀分布著許多小行星，其中最大的小行星是灶神星。
4 畫		
分子雲	molecular cloud	銀河系中由氫分子、氦和少許塵埃組成的雲狀物，分子雲中密度較高的核會收縮形成恆星。
天文單位	astronomical unit, AU	長度單位，地球與太陽之間的平均距離。
天王星	Uranus	距離太陽第七近的行星，1781 年由威廉·赫歇爾發現。
太白	Venus	金星的古名。金星非常亮，夜空中僅次於月亮，「太」是非常的意思，明亮的白色天體，所以稱為太白。
太空梭	space shuttle	外形像飛機的美國太空船，太空梭本身可以重複使用，美國一共建造 5 艘可以執行太空任務的太空梭。
太空實驗室	skylab	美國唯一的太空站，曾經有三組太空人（共 9 人）進駐。太空實驗室 1973 年開始建造。
太陽	Sun	太陽系裡唯一的一顆恆星，是太陽系裡光和熱的主要來源。
太陽光斑	solar facula	太陽表面的亮斑，太陽活躍時，光斑較多，發出稍多的能量。
太陽系小天體	Small Solar System Body	除了行星、矮行星和衛星外，其他的天體都屬於太陽系小天體。

中文名	英文名	簡介
太陽風	solar wind	太陽大氣層吹出帶電粒子。
太陽閃焰	solar flare	太陽表面突然變亮的現象，閃焰通常發生在一群太陽黑子附近。
太陽週期	solar cycle	太陽黑子的數量變化週期，黑子數量從少到多再回到少，週期的時間大約 11 年，黑子數多代表太陽較活躍。
太陽黑子	sunspot	太陽表面溫度較低的地方，看起來像黑色斑點，黑子的平均大小比地球大。
尤里．加蓋林	Yuri Gagarin	史上第一位太空人，1961 年搭乘蘇聯的東方 1 號太空船繞地球一圈後返回地面。
巴林傑隕石坑	Barringer Crater	位在美國亞利桑那州，直徑 1.2 公里，大約 170 公尺深，第一個確認是隕石撞擊形成的隕石坑。
日食	solar eclipse	月亮遮住太陽的現象。
月食	lunar eclipse	地球影子遮住月球的現象。
月海	lunar mare	月球表面顏色較暗、較平坦的區域，月海的組成是玄武岩。
月球	Moon	地球唯一的天然衛星。
月陸	highland	月球表面顏色較淡、較崎嶇的區域。
木星	Jupiter	距離太陽第五近的行星，是太陽系裡體積和質量最大的行星。
水手峽谷	Valles Marineris	火星上的峽谷，是太陽系裡最大的峽谷之一。
水星	Mercury	距離太陽最近的行星，是太陽系裡體積和質量最小的行星。
水星計畫	Project Mercury	美國的第一個載人太空計畫，該計畫的太空船搭載一名太空人。
火星	Mars	距離太陽第四近的行星，紅色的表面是鐵鏽造成。

5 畫

中文名	英文名	簡介
丘留莫夫—格拉西緬科彗星	67P/Churyumov-	短週期彗星，繞太陽的公轉週期是 6.45 年，2014 - 2016 年，羅賽塔號太空船對這顆彗星進行研究。

中文名	英文名	簡介
冬至	Gerasimenko December solstice	這一天白天最短，夜晚最長，太陽直射南回歸線，發生在 12 月 22 日前後。冬至後，白天時間漸長，夜晚時間漸短。
卡西尼—惠更斯號	Cassini–Huygens	探索木星系統的太空船，1997 年發射，2004 年進入土星軌道，2017 年任務結束，墜毀在土星大氣中。
卡西尼環縫	Cassini Division	土星環不是連續的，土星 A 環與 B 環之間有一個縫隙，由卡西尼所發現。
卡利斯多	Callisto	木星的伽利略衛星之一，表面有許多隕石坑。
卡斯堤悠金字塔	Temple of Kukulcán	又稱為羽蛇神或瑪雅金字塔，位在墨西哥契琴伊薩（Chichen Itza）的遺跡內，為了膜拜羽蛇神而建造。
史波尼克 1 號	Sputnik 1	史上第一顆發射到太空的人造衛星，1957 年 10 月 4 日由蘇聯發射，造成美國人極度恐慌，引發美蘇兩國的太空競賽。
史波尼克 2 號	Sputnik 2	1957 年升空的蘇聯太空船，搭載一隻小狗，是人類首次把動物送上太空的任務。
尼爾·阿姆斯壯	Neil Armstrong	執行阿波羅 11 號任務的太空人，第一位踏上月球的人類。
巨石陣	Stonehenge	位在英國的古代遺跡，由許多巨大的石塊組成，石塊的位置標示每年夏至日出的方向。
巨行星	giant planet	比類地行星大許多，太陽系中木星、土星、天王星與海王星都是巨行星。
玄武岩	basalt	黑色的岩石，月球表面的月海和火星上黑色地形都是由玄武岩組成。
甘尼米德	Ganymede	木星的伽利略衛星之一，是太陽系裡體積最大的衛星。
白道	orbit of the Moon	月亮在天空中運行的軌道。

6 畫

中文名	英文名	簡介
合	conjunction	天空中兩個天體靠得很近稱為合。
地內行星		位在地球軌道內側的行星，包括水星與金星。

中文名	英文名	簡介
地外行星	inferior planet superior planet	位在地球軌道外側的行星，包括火星、木星、土星、天王星與海王星。
地函	Earth's mantle	位於地核與地殼之間，以對流的方式把地核的熱帶往地殼。
地核	Earth's core	地核分成外核和內核，分別是流體和固體，構成的主要物質是鐵和鎳。外核流動的鐵和鎳產生磁場，這是地球磁場的來源。
地球	Earth	距離太陽第三近的行星，是太陽系中唯一表面上有液態水及生命存在的行星。
地球構造	internal structure of Earth	地球內部一層一層的結構，分為最內部的內核、外核、地函和外殼。
地殼	Earth's crust	地殼是地球最外層的構造，主要是由矽組成的固態結構。
好奇號	Curiosity rover	2012 年登陸火星，是第一部在火星上使用放射性同位素熱電機的漫遊車，研究火星氣候和地質，評估火星是否適合生命存在。
朱塞普‧皮亞齊	Giuseppe Piazzi	義大利天文學家（1746-1826），1801 年發現小行星帶上的第一個天體：穀神星。
朱諾號	Juno spacecraft	2011 年 8 月發射升空，用以研究木星，以羅馬神話中朱比特（木星）的老婆朱諾為名。
艾倫‧雪帕德	Alan Shepard	美國第一位上太空的太空人，1961 年乘坐自由七號太空船上升到太空的高度後返回地球，後來參與阿波羅 14 號任務登陸月球。
行星	planet	繞恆星運行，呈圓形，能夠清除軌道附近的小天體。
行星環	planetary rings	圓盤狀的物質繞著行星運行，木星、土星、天王星和海王星都有行星環。
西大距	greatest western elongation	天空中，地內行星位在太陽西側，距離太陽角度最大的地方。

7 畫

伽利略‧伽利萊		義大利科學家（1564-1642），用自製的望遠鏡研究星空，開啟人類研究天文的一扇窗。

中文名	英文名	簡介
佛勃斯 克里斯蒂安‧惠更斯	Galileo Galilei Phobos Christiaan Huygens	火星兩顆衛星中的一顆，較大且較接近火星。 荷蘭籍天文學家（1629-1695），透過望遠鏡發現土星環是扁平盤狀，還發現了土星最大的衛星泰坦。
克萊德‧湯博	Clyde Tombaugh	美國天文學家（1906-1997），1930 年時發現冥王星。
希克蘇魯伯隕石坑	Chicxulub crater	位於墨西哥猶加敦半島的撞擊隕石坑，直徑約 180 公里，形成於 6 千 6 百萬年前的隕石撞擊，造成恐龍滅絕。
灶神星		小行星帶上最大的小行星。
車里雅賓斯克隕石事件	Vesta Chelyabinsk meteor	2013 年 2 月 15 日早上，一顆隕石墜落在俄羅斯的車里雅賓斯克，造成七千多棟建築玻璃破裂，一千四百多人受傷，無人死亡。
辰星	Mercury	水星的古名。從地球上看，水星離太陽最遠只有 28 度，相當於一辰（一辰等於 30 度），所以稱為辰星。
里斯隕石坑	Ries Crater	位在德國南部的隕石坑，大約 1500 萬年前受隕石撞擊形成。

8 畫

中文名	英文名	簡介
和平號	Mir	蘇聯建造的史上第一個多模組太空站，由六個蘇聯製造的模組組成，第一個模組於 1986 年升空。
帕西瓦爾‧羅威爾	Percival Lowell	美國富豪天文學家，在亞利桑那州建立私人天文台，宣稱火星上有火星人建造的運河，不過後來的研究證明沒有運河存在。
放射性同位素熱電機	Radioisotope thermoelectric generator	一種核電池，常用在探索行星的太空船和漫遊車上提供電力。
東大距	greatest eastern elongation	天空中，地內行星位在太陽東側，距離太陽角度最大的地方。
板塊	tectonic plate	地殼與上部地函組成板塊，整個地球有七或八個板塊。
板塊運動	plate motion	對流的地函讓板塊移動，造成板塊之間的碰撞和擠壓，形成地震和火山。

中文名	英文名	簡介
金星	Venus	距離太陽第二近的行星，大氣層中充滿二氧化碳，造成嚴重溫室效應，是地表溫度最高的行星。
阿列克謝‧列昂諾夫	Alexei Leonov	蘇聯太空人，1965 年完成人類首次的太空漫步。
阿波羅 11 號	Apollo 11	1969 年 7 月發射升空，成功完成人類史上第一次的登月任務。
阿波羅 8 號	Apollo 8	1968 年 12 月發射升空，人類首次飛抵月球的任務，繞行月球後返回地球。
阿波羅計畫	Apollo program	美國的第三個載人太空計畫，該計畫的太空船搭載三名太空人，目的是測試、完成登月任務。
阿羅科特	Arrokoth	海王星外天體，距離太陽約 45 AU，新視野號在 2019 年飛掠這個天體，是目前太空船探索過最遠的天體。

9 畫

中文名	英文名	簡介
威廉‧赫歇爾	William Herschel	德國出生的英國天文學家（1738-1822），1781 年時意外發現天王星。
春分	March equinox	這一天日夜等長，太陽直射赤道，從正東方升起，發生在 3 月 21 日前後。春分後，白天時間漸長，夜晚時間漸短。
流星	meteor	細小如砂的微塵衝入地球大氣，燃燒形成一閃而過的光跡。
流星雨	meteor shower	流星雨的流星都是從天空中的一點輻射出來，以輻射點所在的星座位置命名。
秋分	September equinox	這一天日夜等長，太陽直射赤道，從正東方升起，發生在 9 月 23 日前後。秋分後，白天時間漸短，夜晚時間漸長。
約翰‧格弗里恩‧伽勒	Johann Gottfried Galle	德國天文學家（1812-1910），根據勒維耶提供的座標位置，找到海王星。
約翰‧葛倫		美國第一位繞地球飛行的太空人，1962 年搭乘友誼七號繞地球三圈後回到地面。

中文名	英文名	簡介
美國航太總署	John Glenn National Aeronautics and Space Administration	美國負責太空計畫、航空和太空科學研究的機構，成立於 1958 年。
冥王星	Pluto	1930 年由美國天文學家湯博發現，原本認為是一顆行星，2006 年被重新分類為矮行星。

埃歐	Io	木星的伽利略衛星之一，表面有活躍的火山運動。
夏戎	Charon	冥王星的最大衛星，跟月球以同一面面對地球一樣，夏戎也以同一面面對冥王星，而冥王星也以同一面面對夏戎。
夏至	June solstice	這一天白天最長，夜晚最短，太陽直射北回歸線，發生在 6 月 21 日前後。夏至後，白天時間漸短，夜晚時間漸長。
恩賽勒達斯	Enceladus	土星的衛星，表面被冰層覆蓋，南極附近有噴出水蒸氣的間歇泉，冰層下有液態水存在的海洋。
旅居者號	Sojourner rover	美國航太總署的第一代火星漫遊車，1997 年登陸火星。
泰坦	Titan	土星最大的衛星，是太陽系衛星中唯一有濃厚大氣的衛星。
海王星	Neptune	太陽系裡，距離太陽最遠的行星，由勒維耶和伽勒共同發現。
海王星外天體	Trans-Neptunian object	海王星軌道外的天體，包含冥王星、鬩神星和阿羅科特等。
烏嘛嘛	Oumuamua	已知第一顆從太陽系外來的天體，以每秒 26 公里衝進太陽系，沒有發現彗尾，可能是小行星。
航海家 1 號	Voyager 1	1977 年 9 月發射升空，飛掠木星、土星和土星衛星泰坦，使用放射性同位素熱電機為電源，預計可以運作到 2025 年。
航海家 2 號		1977 年 8 月升空，飛掠木星、土星、天王星和海王星，是唯一探索過天王星和海王星的太空船。

中文名	英文名	簡介
11 畫		
國際天文聯合會	Voyager 2 International Astronomical Union, IAU	一個國際性的天文組織，透過合作促進天文科學發展，命名天體正式名稱。
國際太空站	International Space Station	由美國、俄羅斯、歐洲、日本和加拿大一起建造的太空站，1998 年開始建造，是史上最大的太空站。
彗尾	comet tail	彗星靠近太陽，太陽風和太陽輻射的作用漸漸變強，把巨大的彗髮梳理成細細長長的彗尾。
彗星	comet	太陽系小天體，靠近太陽後會出現彗尾和彗髮。
彗核	comet nucleus	彗星的本體，一般大小都在 10 公里以下，由冰、塵埃、石塊和一些易揮發的物質組成。
彗髮	coma	彗星靠近太陽時，太陽的熱讓彗核上的物質揮發形成彗髮。
探險家 1 號	Explorer 1	1958 年升空的人造衛星，是美國第一顆成功發射的衛星。
氫核融合	Hydrogen fusion	由四顆氫原子變成一顆氦原子的過程，過程中會放出大量的能量。
通古斯事件	Tunguska event	1908 年 6 月 30 日早上 7 點，發生在蘇聯西伯利亞的通古斯爆炸事件，可能是隕石或彗星在高空爆炸的結果。
12 畫		
喬瓦尼·多梅尼科·卡西尼	Giovanni Domenico Cassini	義大利裔的法國天文學家（1625-1712），發現土星的四顆衛星和卡西尼環縫。
舒梅克─李維 9 號彗星	Comet Shoemaker–Levy 9	這顆彗星受到木星重力拉扯，分裂成二十幾顆彗星碎片，1994 年 7 月下旬這些碎片先後撞上木星，形成撞擊痕跡。
菲萊探測器	Philae lander	跟隨羅賽塔號探訪丘留莫夫─格拉西緬科彗星，2014 年 11 月菲萊登陸在彗星上，成為第一個登陸彗星的探測器。
距		天空中行星與太陽之間的角度。
黃道	elongation	太陽相對於天空移動的路徑，行星也沿著黃道移動。

中文名	英文名	簡介
13 畫		
奧本・勒維耶	ecliptic Urbain Le Verrier	法國天文學家（1811-1877），曾經用天王星軌道的偏差，推算出海王星的位置，在伽勒的觀測協助下，找到海王星。
奧林帕斯山	Olympus Mons	火星上的火山，是太陽系裡最高的一座。
愛神星	Eros	是一顆近地小行星，會合一舒梅克號曾經造訪研究過它。
愛德蒙・哈雷	Edmond Halley	英國天文學家（1656-1742），預測哈雷彗星有 76 年週期，1758 年彗星如期回歸，後來這顆彗星就以哈雷為名。
新視野號	New Horizons	2006 年發射升空的太空船，2015 年飛掠冥王星。
會合	space rendezvous	兩艘太空船在太空中保持一定的距離，以相同的速度飛行。
會合一舒梅克號	NEAR Shoemaker	研究近地小行星的太空船，1996 年升空，2000 年飛抵愛神星，成為第一艘進入小行星軌道的太空船。
歲星	Jupiter	木星的古名。在星空中的運行週期接近 12 年，可以用來記歲（年），所以稱為歲星。
矮行星	dwarf planet	繞恆星運行，呈圓形，不能清除軌道附近的小天體。
鈾 -235	Uranium-235	放射性元素，鈾 –235 在經過一連串衰變後形成穩定的鉛 –207，每 7 億年一半的鈾 –235 會衰變成鉛 –207。
隕石	meteorite	從太空掉落到地球表面的物體，由岩石或金屬組成。
14 畫		
對接	docking	兩艘太空船在太空中緩緩會合，再接合在一起。
漢斯・貝特	Hans Bethe	德裔美籍（1906-2005）物理學家，證明太陽的能量來自於氫核融合反應，這個研究結果讓他得到 1967 年諾貝爾物理獎。

中文名	英文名	簡介
熒惑		火星的古名。火星熒熒如火，天空中移動的方式令人疑惑，所以稱為熒惑。
	Mars	
精神號		2004 年登陸火星的漫遊車，2009 年受困砂地無法動彈，最終任務結束。
	Spirit rover	
蒙德極小期		1645 年到 1715 年之間，太陽黑子的數量非常少，這段期間歐洲和北美的溫度比平均溫度還低，處於小冰河期。
	Maunder Minimum	

15 畫

中文名	英文名	簡介
撞擊石英		隕石撞擊形成隕石坑，劇烈的撞擊會將原本的石英轉變成撞擊石英，撞擊石英提供隕石撞擊的證據。
	shocked quartz	
歐羅巴		木星的伽利略衛星之一，表面覆蓋冰層，冰層下有一片液態水組成的海洋。
	Europa	
毅力號		火星漫遊車，2021 年登陸火星，主要任務是尋找火星過去曾經存在的生命。
	Perseverance rover	
熱點		熱點位在地函，裡面的岩漿往上冒出地殼形成火山，地殼隨板塊運動移動，熱點上方會形成新的火山。
	hotspot	
穀神星		小行星帶上唯一一顆矮行星，是小行星帶內最大的天體，1801 年由皮亞齊發現。
	Ceres	
衛星		繞其他天體運行的較小天體。
衝	satellite	地外行星、地球與太陽在太空中排成一直線，這時地外行星差不多離地球最近，也最亮，最適合觀測。
	opposition	
鋯石		矽酸鋯的結晶，透過鋯石裡的鈾／鉛比例，可以推算鋯石形成的時間，科學家用鋯石來估算地球和月球的年齡。
	zircon	

16 畫

中文名	英文名	簡介
機會號		2004 年登陸火星的漫遊車，2018 年火星全球沙塵暴遮蔽陽光，造成機會號太陽能板無法提供電力，最後任務終止。
	Opportunity rover	

中文名	英文名	簡介
17 畫		
戴摩斯	Deimos	火星的兩顆衛星之一，離火星較遠、較小的一顆。
聯盟號	Soyuz	蘇聯為了登陸月球發展出來的太空船，1966 年首次發射升空，經過持續改良，目前還是搭載俄羅斯太空人上國際太空站的太空船。
18 畫		
禮炮 1 號	Salyut 1	1971 年蘇聯發射的太空站，是史上第一個太空站。
鎮星	Saturn	土星的古名。天空中有 28 星宿，土星的週期約 29.5 年，相當於每年鎮守一個星宿，所以稱為鎮星。
雙子星 8 號	Gemini 8	1966 年雙子星 8 號完成史上首次與另一艘太空船對接，為人類登陸月球踏上重要的一步。
雙子星計畫	Project Gemini	美國的第二個載人太空計畫，該計畫的太空船搭載兩名太空人，目的是測試登月任務中太空船之間的會合與對接。
鬩神星	Eris	2005 年發現的矮行星，是已知的矮行星中質量最大的，體積僅次於冥王星。
19 畫		
羅賽塔號	Rosetta spacecraft	歐洲太空總署的太空船，曾在 2014-2016 年間探訪丘留莫夫—格拉西緬科彗星。
類地行星	terrestrial planet	具有岩石表面的行星，太陽系中水星、金星、地球與火星都是類地行星，這類行星比巨行星小，而且靠近太陽。

噢！原來如此 有趣的天文學 [彗星增訂版]

作　　者 李昫岱
繪　　者 Jozy
責任編輯 王斯韻
美術設計 Bianco Tsai、王韻鈴

社　　長 張淑貞
總 編 輯 許貝羚
副 總 編 王斯韻

發 行 人　　何飛鵬
事業群總經理 李淑霞
出　　版　 城邦文化事業股份有限公司 麥浩斯出版
地　　址　 115 台北市南港區昆陽街 16 號 7 樓
電　　話　 02-2500-7578
傳　　真　 02-2500-1915
購書專線　 0800-020-299

發　　行　 英屬蓋曼群島商家庭傳媒股份有限公司城邦分公司
地　　址　 115 台北市南港區昆陽街 16 號 5 樓
電　　話　 02-2500-0888
讀者服務電話 0800-020-299（9：30 AM～12：00 PM；01：30 PM～05：00 PM）
讀者服務傳真 02-2517-0999
讀者服務信箱 csc@cite.com.tw
劃撥帳號　 19833516
戶　　名　 英屬蓋曼群島商家庭傳媒股份有限公司城邦分公司

香港發行　 城邦〈香港〉出版集團有限公司
地　　址　 香港九龍土瓜灣土瓜灣道 86 號順聯工業大廈 6 樓 A 室
電　　話　 852-2508-6231
傳　　真　 852-2578-9337
E m a i l　 hkcite@biznetvigator.com

馬新發行　 城邦（馬新）出版集團 Cite (M) Sdn Bhd
地　　址　 41, Jalan Radin Anum, Bandar Baru Sri Petaling, 57000 Kuala Lumpur, Malaysia.
電　　話　 603-9056-3833
傳　　真　 603-9057-6622
E m a i l　 services@cite.my